不幸になる生き方

勝間和代
Katsuma Kazuyo

a pilot of wisdom

目次

◆割引率を下げればタバコはやめられる
◆10分、10ヵ月、10年スパンで考える
◆自分を客観的に見ることの重要性
◆KPIを定めて、目標達成を「仕組み化」する
◆「双曲の法則」を味方につけるアクション・プラン

第3章　分散の法則

幸せは一つのカゴに盛ってはいけません

◆人生の不確実なリスクを分散投資でコントロールする
◆一極集中型の生き方はリスクに弱い
◆ワーク・ライフ・サイクルで考える
◆現状を振り返り、理想のワーク・ライフ・バランスをイメージする
◆「分散の法則」を味方につけるアクション・プラン

図版作成／mnmn

プロローグ

不幸になる生き方を知ることが、幸福になる近道です

天国への道を知る最良の方法は地獄への道を探究することである

――ニッコロ・マキャベリ
（塩野七生訳）

この本は、あなたが自分の人生において、どうやってなるべく不幸を避けて、幸福を呼ぶような行動習慣を身につけるかを、さまざまな法則や事例から、一緒に考えていく本です。

そして、この本があまたある、ほかの「幸せ探しの本」と大きく違うのは、不幸を避ければ幸福になる確率が上がるという考え方に基づいていることです。自分のマイナス面や、自分の運をなくしてしまうような癖について考え直し、不幸になりにくい行動をとり続けることが、結果として幸福につながるという信念を持っていくことです。すなわち、基本的に勝ちを大きくするために、負けを少なくする――。これはビジネスで勝つ方法、テニスで勝つ方法、投資で勝つ方法、みんな同じです。

そうはいっても、私がこのように、読者のみなさんに「どうやったら幸福になれるのか」というような本を書くと言うと、「そう書いている勝間さんは、本当に幸せなんですか？」と疑問を感じるような声が、すぐにでも聞こえてきそうです。はい、確かに41歳にしてすでに離婚を2回経験し、何度も転職をしているような、シングル・マザーの私は、一般的な「女としての幸せ」という基準から見ると、きっと、100点満点でせいぜい40点、典型的な幸せな女、とは言えないかもしれません。実際、私も30歳を過ぎたころに、過労によるストレスでメニエール病や十二指腸潰瘍《かいよう》を患ったり、そのストレス解消で毎日、毎日、ワインを飲んでは喫煙をして、激太りをした生活を送っていた時期もあります。そのときは正直、自殺も考えるほど、不幸でした。だからこそ、そこで自分を見つめ直し、生活を見つめ直し、何が原因かを考えて、ようやくそこから一歩一歩立ち直った身としては、そのときに発見し、ずっと考えていたことを、みなさんと共有していきたいのです。

そして、私自身は今、胸を張って、「自分が幸せ」と言い切ることができます。

この10年間で、たとえば私が大きく発見したことは、「幸福を他人と比較して考える」

というその視点が、そもそもおかしいということです。当時は、結婚していて子どもにも恵まれ、著名な会社での立派な仕事もあり、何でも持っているね、と言われていました。それでも、そのころは自分の基準で、大変不幸でした。今は、そのころに比べると、自分で自分の幸せを定義し、他人の幸せ感とはまったくかけ離れた生活をしていても、とても、とても幸福なのです。

この変化は、自然に「棚ぼた」を待っていたからそうなったのではなく、自分の不幸の源と真剣に向き合い、古今東西のさまざまな自己啓発書を読み、ビジネスの手法を使って分析し、フレームワークを作り、一つ一つ、できること、できないことを区分けして、作り上げたものだと考えています。

私のこのような経験と、そして、私はコンサルタントですから、自分だけではなく、周りのさまざまな人がどのような考え方、行動パターンを持っていると不幸になりやすく、どのような習慣があると幸福になるのかを明文化して、コトバとして共有する形にしたいのです。そして、この本が一人でも多くの「どうやったら、不幸から抜けられるか」と悩んでいる方のヒントになればと思って、コツコツと書き下ろしました。

中世、イタリアの政治思想家・マキャベリが残した「天国への道を知る最良の方法は地獄への道を探究することである」（塩野七生訳）という言葉があります。

まずい国家の統治とはどんなものなのかを徹底的に分析し、そのまずさの原因を知ることを通して、よりよい国家運営が可能になる、と塩野七生さんはこの言葉を使って、政治家たちに警鐘を鳴らしています。

このことは、よりよい国家の運営についてだけ言えるのではなく、個人の人生の戦略についても、まったく同じことが実はあてはまるのです。幸せをつかむ生き方とはすなわち、地獄に進む道、不幸になってしまう生き方をとことん知ること、そしてそれを避けることなのです。これが、私がこの15年間、幸福と不幸を分けるものについて考え続けた、最大の発見であり、気づきでした。

しかも、このような不幸な生き方というのは、無意識な習慣のなかに潜んでしまっています。不幸な人は、自ら不幸になるように、毎日行動を繰り返しているのです。この本は、不幸せな生き方が身にしみついてしまっている人が、これから説明する総論や、7つの法則による各論を知ることで、「ああ、自分の不幸はここが理由だったのか」と気づいてくれることをめざしています。すなわち、不幸な生き方に対する処方箋《せん》です。

これは30歳ころの私が、とにかく、さんざん、痛い思いをして、学んできたことです。自分が不幸な人生だと感じることは、会社や親や社会が作ったのではなく、自分自身の不幸な生き方、考え方、行動習慣、言葉、すなわち、日常生活の一つ一つが、自分の不幸を作っているのです。実は、この現実に向き合うことができれば、問題の70％は解決したと考えています。

大事なことなので何度も繰り返しますが、幸福になる方法とは、とりもなおさず不幸になる生き方が何かを知り、そういう生き方にならないために、日常生活のふだんの行動や考え方において、無意識にでもそういうことを避け、逆にしなければならないことをしっかりマスターすることなのです。それができるようになれば、日常生活のなかで通常通りにふるまっているだけで、不幸の確率が減り、結果として、幸福のほうが向こうからやってくるのです。

◆反面教師に学ぶと人生の〝ミス〟が減る

私は、趣味のスポーツとして、スカッシュを学生時代から20年間、続けています。そのため、ゲームを自分でもしたり、人のゲームを観察していますが、そのなかで気づくことは、強い人はミスが少ない人であり、決してウィニングショットが強い人ではないということです。なぜなら、ミスが多い人はすぐに自滅します。あるいは、たまたまうまくいったゲームがあっても、その後にまた負けます。テニスでも野球でも何でもそうです。テニスで勝つ人はダブルフォルトをしない人です。野球で勝つチームは、防御率が低いチームです。一般的に、強い人は才能があると考えがちですが、実は才能の部分よりも、プレーが安定していて、めったにミスをしないから強いのです。テニスの名手、ナブラチロワも、イチローも、羽生《はぶ》名人もみな同じです。

もう少し身近な例で言いますと、たとえば『ちはやふる』(末次由紀作、講談社)という競技カルタを題材にした、大変売れている漫画がありますが、そのなかでもまったく同じエピソードがあります。主人公・千早が非常に耳と動体視力がよく、「早どり」ができるにもかかわらず、多くのライバルから「怖くない」と思われているのは、ミスをして自滅する描写が数多く見られるからです。

ビジネスにしろ、スポーツにしろ、その道のプロとして長く続いている人というのは、負けを少なくすることを常に意識している人だということを、しつこいくらい、痛感しています。

◆不幸を避ける7つの法則

そして、世の中のほとんどの人は、自分なりに試行錯誤できる範囲内でそこそこ頑張ろうとしています。でもそれなのに、なぜ報われない場合が多いかというと、不幸になる人は、不幸になる習慣のもとでそれをひたすら、繰り返しているからなのです。すなわち、不幸になる習慣を身につけてしまっているということです。不幸になる習慣があると、努力をしてもさらに悪い方向に行きかねません。

アメリカの心理学者、ジョン・M・ゴットマン博士が書いた『結婚生活を成功させる七つの原則』（第三文明社）という本があります。彼は、結婚しているカップルの会話を15分間聞くと、85％の確率で、その結婚がうまくいくか、行く末を予測できることができるのだそうです。

これだけ聞くとゴットマン博士はテレパシーでも操るのかと思ってしまいますが、残念ながらゴットマン博士自身が、自分には大した眼力などないと公言しています。彼が観察するのは、夫婦間で行われる会話や行動パターン、口癖などです。

「それは君が悪いんじゃないの」「君はそう言われても仕方がない」というような、相手を責める口癖の人たちは、基本的に「幸せをつかみにくい」生き方をしています。なぜなら、そのような批判に対して、相手が防御のために反撃してくると、自分はその反撃を再反撃するために相手を見下していく、という悪循環が続くからです。私はこの話に納得せざるを得ませんでした。

私はもともとの仕事が、さまざまな事象を分析して課題を解決するコンサルタントであり、また、株価の動きを経済状態や需給、心理状態から予測する証券アナリストでした。

株価に関しては、経済の環境変化を予測して、それぞれの企業が変化についていけるかどうかを予測するものです。つまり、企業の行動パターンを分析することによって、将来の業績予測をしています。

同じようにある人の行動パターンと強み・弱みを分析して、さらに置かれている環境の変化を見ると、その人が上昇運傾向にあるのか、下降運傾向にあるのかが見えてきます。ゴットマン博士は通常コンサルタントやアナリストが企業に対して行っているような分析や予測の手法を、人間に応用したにすぎないのだと直感したとき、思わずポンと膝《ひざ》を打ったのでした。それ以来、私は周りの人を、「分析屋」（コンサルタント）・「株屋」（証券アナリスト）の手法を使って徹底的にリサーチしてきました。もちろん、自分の人生を真っ先に対象にしたのは言うまでもありません。

そういった自分と他人の人生を分析することを通じて、幸福な人と不幸な人には、その生き方や姿勢、考え方に普遍的な違いがあるということがはっきりとわかってきました。その違いのポイントとなる7つの視点を整理したのが、次に紹介する7つの法則です。

以下、この7つの法則について、イメージを簡単にお伝えしていきます。順番にも意味があって、基本的な人生に対する考え方から、その考えに基づく行動パターンに移っていきます。

1．有責の法則

幸福な人――自分の人生に自分の責任で取り組み、リスクをとらないとリターンがないと理解したうえで、失敗も責任も自分の責任と考えている。その結果、周囲はつきあっていてもいやな思いをする回数が少ないし、たとえ一緒に失敗しても気にならない。

不幸な人――とにかくリスクを避けることばかりを考え、人にリスクを押しつけていく。その結果、最終的にほとんどの周りの人からつきあいを断られていく。

2. 双曲の法則

幸福な人――大きく見えがちな、目先の短期的な快楽や欲（＝双曲割引）にまどわされずに、長期的な目で人生の時間や資金を投資している。その結果、余裕ができるため、ますます短期的な利益にとらわれなくなる。

不幸な人――とりあえず、目の前の苦しみから逃れたり、欲望を満たすために行動してしまう。その結果、長期的には借金・肥満・友人関係の破壊のような不幸が起きてしまう。

3. 分散の法則

幸福な人――幸せの源泉を単一のものに求めず、「稼ぐ」「使う」「愛する」「愛される」の循環が構築できるように時間を分散投資する。その結果、特定の仕事や家庭にしがみつくことなく、何か悪くなっても対応ができる。

不幸な人――幸せの源泉を何か特定の一番身近なもの、たとえば、仕事とか、子どもとか、恋人などに一極集中してしまう。その結果、環境変化が起きたり、状況が悪くなると一気に不幸になってしまう。

4．応報の法則

幸福な人――他人の悪口、非難などが、めぐりめぐって自分への足かせになることを理解している。その結果、ネガティブなことや批判的なことは口にしないし、不満があるときには問題解決につながる建設的な批判をするよう、心がけている。

不幸な人――何か不満があると、まずは相手の欠点を見つけて、批判と非難を繰り返すことで、一時的な精神の安らぎを得る。その結果、自分は何も変わっていないのに自分がよくできるという自己欺瞞《ぎまん》に陥って、ますます自分を安心させるため、他人を批判するようになる。

5. 稼動の法則

幸福な人――とにかく、行動コストが小さく、マメに動いている。その結果、さまざまな人との出会いが生まれ、成長の機会を増やしている。

不幸な人――失敗を恐れて、行動しない、動かない。人が何かをしてくれることを期待してしまう。その結果、自分が動くことに対するコストがますます高くなり、より怠惰になる。

6．内発の法則

幸福な人――幸せの基準は自分にあり、自分のなかで喜びを感じること、自分の持ち味・特性を生かせることを自覚的に選択し、集中してそこを伸ばしている。その結果、周りの人もその人を応援したくなる。

不幸な人――幸せの基準を外から見える自分に求めていて、年収や社会的立場などのランクにとらわれてしまう。その結果、ランク主義者しか、周りに集まらなくなる。

7．利他の法則

幸福な人――自分の能力で無理せずに力を発揮できる範囲をわきまえたうえで、積極的に周りや社会への貢献をしている。その結果、感謝も集まるし、自分の得意技も磨かれる。

不幸な人――どうやったら自分の得になるかを常に考え、自分で何もかも成果を上げられるような全能感にとらわれている。その結果、他の人がその人に「何かをしてあげたい」と長期的には思わなくなる。

以上の視点を意識してどう行動するかについては、本書の後半の個別理論編で詳しく解説します。多少先取りして説明すると、幸福と不幸を分ける壁を乗り越えていくために必要な技術や習慣化のコツを扱います。不幸になってしまう生き方や習慣を可視化したうえで、明確にそれを避ける技術を学ぶのです。

この本では、幸福を哲学的に探求するのではなく、まずは不幸になるパターンを知り、それを徹底的に避ける技術を磨くことをみなさんにお伝えし、共有していきたいのです。だからこそ、この本は「不幸になる生き方」を避けるための技術指南書なのです。

知的生産の方法については、『思考の整理学』（外山滋比古著、筑摩書房）をはじめ、さまざまな良書があり、よく売れています。これらは、考え方の技術の基本を身につければ、超・天才にはなれないけれど、アウトプットは以前の自分と比べて、格段に上がってくる、ということをめざしていますが、この本もそれらの本と同じことを意図しています。

幸福になるための「技術」、すなわち、ふだんの行動原則を知ることで、同じような能力の人でも、「幸福度」というアウトプットが変わってきます。その「技術」を知っているか知らないかが、運命の分かれ道というわけです。

◆「技術」は習得できるもの

もちろん生まれ落ちた環境要因によって、人生の有利・不利のばらつきがあるのは事実です。そのことについては日本の社会そのものを変えたり、日本経済をデフレから脱却させたりしていかないとどうにもならない部分です。つまり不幸の源泉となっている社会システムや経済状況が存在しているのもこれまた事実なのです。

しかし、「自分比」の世界、自分の内側に幸せの軸を置いたところでは、「技術」を身につけるだけで確実に不幸な状態から抜け出すことができます。不幸を避ける技術は生まれながらに持っている能力でも、学校で教えてくれる能力でもありません。あなた次第でいくらでも上達可能なものです。幸福について考えよう、というと、すごく哲学的なものとして受け止めてしまう傾向があります。しかし、「幸福とは何か？」といった根本問題、ビッグワードに惑わされて何も行動に移さないより、行動のための技術論を学び、さっさと習慣化して、身につけてしまうほうがずっと早いのです。

人生のコントロール権を自分以外の何か（世間、他人など）から取り戻し、不幸な人生を幸福な人生に変えていくことを「方法論」「技術論」として捉《とら》えたほうが「より早く、より効率よく結果が出ますよ」というのがこの本の趣旨です。

そして、幸福になるためのポイントはあくまで「技術」なのだから、本を読んで自分でトレーニングをしたり、コーチがわりになる人物をみつけ、いいフィードバックを受けたり、それらをすぐに実践して自分に合っている方法なのかどうか確かめたりすることを提案します。幸せそうにやっている人をちょっとだけ盗み見て、そのフォームを真似して、同じような結果が出るか確かめるということもできるかもしれません。

もう一つ大事なことですが、今私が述べたことは、実を言うと私がオリジナルで考えた独自の発想ではありません。「幸福になるための技術を持つことによって、人は結構幸福になることが多い」という主張は、過去にあったいろいろな宗教書や自己啓発本でも書かれているからです。少なくとも、先ほど名前をあげたマキャベリのほかにも、多くの先達が「幸福になる技術」についてその重要性を語ってきました。今から私が語る話も、この延長線上にあります。少なくともあなたの人生にマイナスになることはありません。

インタビューなどを受けると「問題解決能力って、何のために身につける必要があるのですか」とよく聞かれます。私が思う、その問いへの回答は「問題解決していくことで純粋に幸せになるため」だと思っています。

この本は私がこれまでの人生で行ってきた問題解決の集大成です。現段階で私が悟ったと思っている幸福になるための「技術論」がすべて入っています。

『効率が10倍アップする新・知的生産術─自分をグーグル化する方法』（ダイヤモンド社）は知的生産の技術の本でした。これに対して、この本『不幸になる生き方』は不幸を避ける技術を伝えるための本です。具体的にどうすれば不幸を避けられるのかを知りたい方は、思い当たる節がある部分について、すぐに後半の個別理論編をお読みください。

また、なぜ勝間が「幸福は技術であり、責任と関係している」と主張しているのか、その理由を知りたい人は前半の全体理論編からおつきあいください。日本の社会の構造と個人の幸福度の関係性についても私なりに分析して仮説を展開しました。

私も幸福の技術をいまだに開発している途上ですが、人生のコントロール権を自分に取り戻したおかげで、格段に人生が充実したという体験があります。その体験を通して学んだコツと技術、そしてその背景のロジックをみなさんにお届けしたいと思います。

全体理論編

リスクを引き受けないから不幸になる、
この仕組みをよく理解してください

第１章　不幸のループから抜けられない「他責の人」

◆年をとるほど不幸になる日本人

「自分の生き方が自分の不幸を作っている。それを変えるのは私でしかない」と私自身が心底、理解し、転職や離婚を決意したのは34歳のときです。そして、ようやく人生のコントロール権を取り戻す方法を何とか実践できるようになった30代後半のころ、このような興味深い研究を見つけました。

——加齢とともに、日本人の幸福度は下がり、アメリカ人の幸福度は上がる。

大阪大学の筒井義郎教授、大竹文雄教授ら行動経済学者のみなさんのリサーチで、日米における大規模なアンケート調査を統計学的に解析したものです。

・『なぜあなたは不幸なのか』（大阪大学・社会経済研究所、筒井義郎・大竹文雄・池田新介、２００５）http://www2.econ.osaka-u.ac.jp/~tsutsui/archive/dp/dp_no.630.pdf

・『幸福の経済学』（大阪大学・社会経済研究所、筒井義郎、２００５）http://www.iser.

年齢別幸福度日米比較

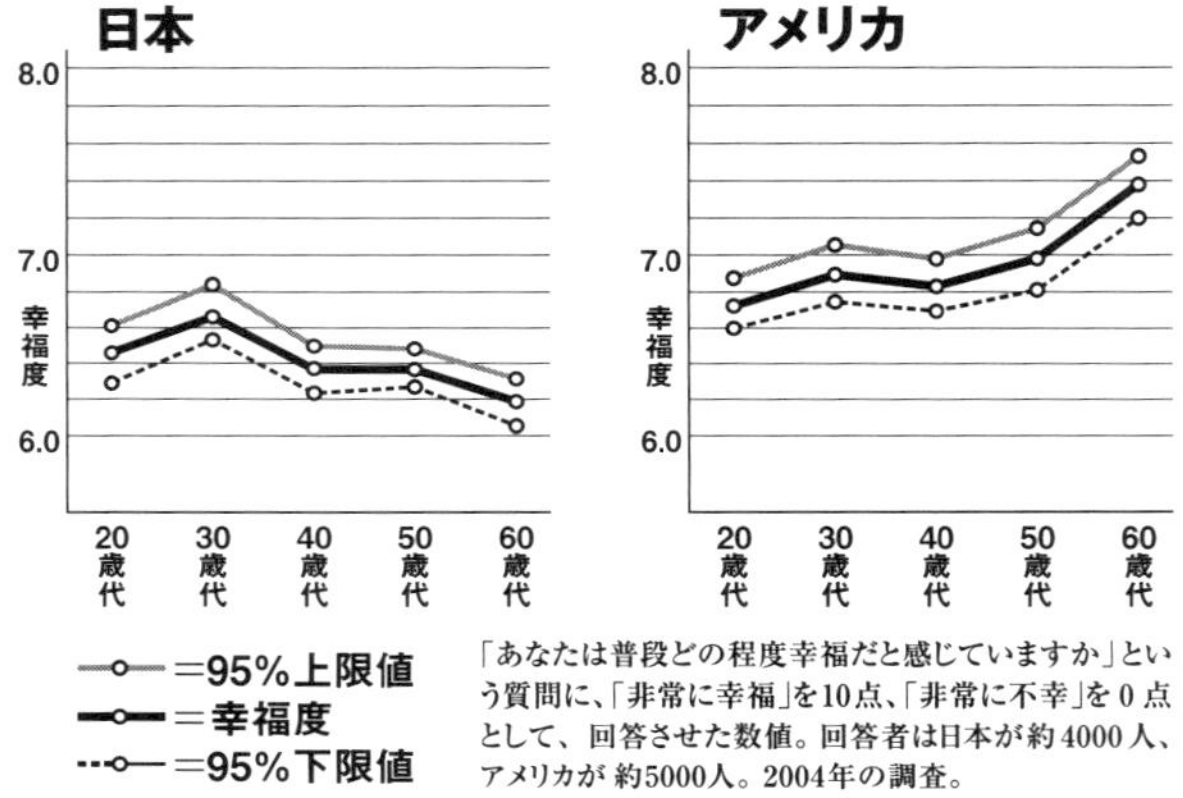

「あなたは普段どの程度幸福だと感じていますか」という質問に、「非常に幸福」を10点、「非常に不幸」を0点として、回答させた数値。回答者は日本が約4000人、アメリカが約5000人。2004年の調査。

osaka-u.ac.jp/rcbe/4thworkshop/Presentation/economicsofhappiness.tsutsui.pdf

　報告書のタイトルも衝撃的ですが、ほうっておけば、人生の後半戦、自分がますます不幸になっていく、というデータには本当に驚かされました。

　この調査結果のいくつかは、この本の後半でも紹介しますが、まずはこの結果を受け止めるところから始めたいと思います。

　残念ながら、年をとるほど日本人の幸福度が下がっていくのがなぜなのかについては報告書はくわしく踏み込んでいません。

　これを読んだ当時、「加齢とともに不幸に

なっていくのが日本人の一般的な傾向ならば、自分はけっして、そうはなりたくない。何とか、それを止める工夫をしよう」と思いました。そのために、なぜ加齢とともに不幸になるのか、その理由とメカニズムを分析することにしました。そして、結果として行き着いた私なりの仮説は、「人生のコントロール権と不幸の関係」というものでした。

日本においては人生のコントロール権は「世間」との関係で決まります。世間体を気にして、自分のやりたいことより、他人が自分に望むことを実現するように、「空気」をつかみながら生きる生き方をしている人は、個々人が人生のコントロール権を持つという意識が非常に希薄です。

これに対して、外国、とくにアメリカなどにおいては、少なくとも自分の人生のコントロール権を手放した人は尊敬されません。そんな社会においてアメリカ人は年を重ねるごとに、人生をコントロールする技術に習熟を重ね、幸福度を上昇させているのではないか、私が考えたのはそういう仮説です。

人生のコントロール権とその人の幸福度は関連している。私はそう考えて、自分自身が人生の後半戦に突入する前に、この仮説を使って日々を実験的に生きてみようと思ったのです。そして、「自分で人生の責任をとる、コントロール権を手放さない」と意識しながら、毎日を送った結果が今の私、勝間和代なのです。

幸い、加齢とともに私は不幸になっていません。むしろ、過去の自分と比べて、(「自分比」で、というところをあえて強調します)、幸福度はアップしています。少なくとも自分の人生の観察において、私の仮説は正しかったと思います。人生のコントロール権とは、「自分の名前のもとに、人生に責任を持って、自立していること」であり、そのことこそが幸せの鍵《かぎ》なのではないか、と考えています。

私の考えを「学術的な証拠はないから」と一蹴《いっしゅう》する人たちもいることでしょう。しかし、統計上、「年をとるほど日本人は不幸になる」というデータが存在し、自分もその可能性のなかで生きている、ということを直視してほしいと思います。

◆「自責の人」と「他責の人」を隔てる川

私が口を開けば、ふたことめには「自立、自立」と言っているのは、自立、すなわち、自分でリスクを管理し、リターンを得る立場を得ることこそが幸福の鍵であると考えているからです。そして、その言葉を繰り返しているのは私だけではありません。

20世紀初頭に書かれたジェームズ・アレンの『「原因」と「結果」の法則』（サンマーク出版）からスティーブン・R・コヴィーの『7つの習慣』（キングベアー出版）まで、多少の表現の違いはあってもみんな一様に「自立」について語っています。日本でも、明治のころから、福沢諭吉や夏目漱石《そうせき》が同じこと、すなわち、「自立の必要性」について説いています。

では、なぜほとんどすべての自己啓発本というのは、「自分の人生の責任をとりましょう、それだけで人生は変わります」ということをしつこいほど、繰り返し言うのでしょうか。

おそらく、多くの人がその自立的な生き方にたどりつけないからです。これは、いつまでもダイエット本が売れるのが、太っている人が減らないからだというのと同じです。

話をわかりやすくするために、ここで乗り越えにくい大きな川が流れていると想像してください。次ページの図で、右岸にとどまっているのは、周りに依存して自分の幸せを周

左岸
自責の人
・自分の人生の責任を自分でとる
・周囲と協調してものごとを遂行できる
・トラブルが起きても対処能力がある
越えにくい川
右岸
他責の人
・他の人に責任を押しつける
・周囲を批判ばかりしている
・トラブルが起きても対処できない

りにゆだねてしまう、「おんぶにだっこ」型の人です。なにかというと、他の人に責任を押しつけるので、この本では、「他責の人」と呼びたいと思っています。

逆に、この川を乗り越えて、人生のコントロール権を手にしていて、自分で責任を持って生きている人を、この本では、わかりやすく「自責の人」と呼びましょう。

まず最初に検討したいのは他人に依存してばかりの幸せというのがあるのかないのかということです。

人に依存しながら成立する幸福というようなものが本当にあるのでしょうか？

◆勝間式は強者のメソドロジーか

もちろん、こんなことを言うと、「勝間は、社会のなかで、ひとりで生きていると思っている」と批判がすぐに飛んできそうです。しかし、そういう話ではないのです。

私がよく話す「幸せの定義」の一つとして、「人から感謝をされた量の総量＝幸福の量」というものがあります。その総量を「増やす」ことも含めて、自分の力で、自分のコントロールでやっていく技術があるかどうか、ということを言いたいのです。そういう力を個人比のなかで、みんながつけていけばよいと思っています。

もう一つ、予想される批判にあらかじめ反論しておこうと思います。

「勝間の方法論というのは、要するに恵まれた人のための方法論だ。それ以外に役に立たない。社会のなかには恵まれていない人もいる」というものです。

しかし、このフレームでいう他責的な人が、実は日本の社会の変革をさまたげ、多くの人を苦しめている側面があると思っています。これについては、次の章でくわしく説明します。

◆批判ばかりの「他責の人」は不幸せ

さて、この川の図に戻ってお話を進めます。

他責的な人は、人にすがって生きているため、どうすれば自分が幸せになるかが見つかりません。そして、それがわからないから、他人から与えてもらおうとすがりつきます。他人から与えてもらったものだからこそ、自分でそれを選んだという自覚に乏しく、失敗したり嫌な目に遭ったときも、「あれは○○さんのせいだ」「○○さんにだまされた」といった感じで、人に責任を押しつけて自分を反省することがありません。

どんなタイプがそういう人なのかわかっていただくために、こんな口癖のある人を思い浮かべてください。(もし、あなた自身がこういうセリフを言い始めていたら要注意です。あなたも不幸のサイクルにはまりかけています。)

□「聞いてません」
□「急に言われても」
□「順序が違う」
□「傷ついた」
□「誠意が見えない」
□「決めたことなんで」
□「そんなこともわからないのか」

いかがでしたか。ここに集めたのは、責任転嫁と思考停止の言葉です。あなたも「聞いてない！」と言って自分の疎外感をアピールして被害者ぶってしまったことはありませんか？　自分が被害者であることをアピールするのはとりもなおさず相手が加害者だと告発しているのと同じですよね。

なかでも、最後の一言が出てしまう人は、他責のなかでも、重症の口です。要するに「私がこんなに苦しんでいるのに、おまえは一々言わなきゃわからないのか」と他者が自分を理解してくれて当然だと思っているのです。自分中心のきわめつけなのです。

◆「責任」とは遂行能力・対応力があるということ

他責の人をもう少し理解するために、「責任」という言葉そのものに戻って、少し考えてみましょう。

まず、責任については、「responsibility」が誤訳されたまま日本に輸入されたので、日本人の責任についての考え方が歪《ゆが》んでいるのではないか、という仮説があります。

本来の英語では、レスポンスをする、すなわち反応するということで、ネガティブなだけではなく、ポジティブな意味も含めて結果を受け止める、という意味のはずなのに、日本語の「責任」となると、単に、失敗の責めを負わされるといったような暗い印象だけが日本人の頭のなかで先行しているのではないでしょうか。しかし、責任のなかには、いいことについても自分で受けとることができるという意味があるのです。

すなわち、respond には「対応する、反応する」という訳語がありますから、responsibilityも対応可能性、対応能力というふうに訳せばよかったのではないかと思います。

したがって、「自責の人」と私がこの本で言うときにも、何が起きても対応しうる力、遂行能力のようなものを自分で持っている人をイメージしています。

一方、「他責的な人」は対応能力がないから、他人に任せるしかなく、自分の不幸の理由を他者に求めて、批判するばかりで自分は何もしないため、どんどん不幸になっていきます。

結局、対応能力を磨く、つまり技術やスキルを身につけていくことしか、不幸を抜け出す道はないという、単純で実践的な目標に戻ってくるわけです。

責任をとりたくない人たちは総じてトラブルに対する対処能力がないか、きわめて低いことが多いです。この点は特に強調しておきたいと思います。トラブルが発生したときに対応する自信がないから、なるべくトラブルが発生しないように行動する。つまり、リスクはなるべく避け、最悪の場合は他人にリスクを押しつけて自分だけはトラブルに巻き込まれないようにしようとするからです。こんな人と仕事でチームを組まされるハメになったらどう思いますか？

逆に、責任をとれる人というのは、何かトラブルが起きたとしても、それに対応する能力があり、またそのことに自信があるのです。だからこそ、リスクだけを徹底的に避けるといった歪んだ行動はとらず、リスクとリターンを冷静に計算して行動ができるのです。リスクをとる能力というのは筋肉みたいなものなので、鍛えれば鍛えるほど、だんだん、より大きなリスク、より大きな責任をとれるようになってきます。逆に、リスクを避け続ければ、加齢とともにますますリスクをとる能力は劣化していくのです。

◆なぜ他責のままでは幸せになれないのか

さて、ここまで読み進めてきたみなさんのなかで、まだ、何か腑《ふ》に落ちないと考える人も多いと思います。そして、おそらくその疑問は、「責任という言葉と幸福とが結びつかない。なぜ、責任を持つと幸せになれるのだろうか」ということに集約されるでしょう。

わかりやすくするために、他責の人はなぜ不幸のままなのだろうか、という方向から、ここでは考えてみましょう。

周りに依存する人、つまり他責の人は、当然、ほかの人に責任を押しつけてきます。経済学で言う「ただ飯はない」の法則ではありませんが、相手に負担がかかると、結局損をするのは自分であるということがわかっていないのです。

まわりまわって自分が損をするというメカニズムについて考えてみましょう。責任をとらずに他人に押しつけてくるような人というのは、次第に周りの人が次回から避けて通るようになります。たまたま、そのプロジェクトでよい結果が得られたとしても、リスクはすべてこちらで持たされるため、その人とつきあっていくのは、コストが高すぎるのです。リスクや責任をとらないというのは、人づきあいのなかで、わざわざ嫌われるような行動をとっているようなものなのです。

他責の人は、しかもそれを無意識にやっています。要は自分が「いい子ちゃん」になりたいので、何かにつけて「あなたのせいだ」「私は悪くない」という姿勢が、言葉のコミュニケーションにも、態度や表情といった言葉以外のコミュニケーションにも表れてしまうのです。たとえば、仕事上の連絡の行き違いがあったときにも、「私はこう聞いていたのですけれど」とか、「あのとき、こういう約束だったので、××だったと思っていました」など、歪んだ記憶のもとで、自己正当化をさりげなくやっています。
「人づきあいをコストで語るな」というお叱《しか》りを受けることもありますが、やはり他責の人とつきあうコストは非常に高く、自然と避けてしまうのが人の心というものです。逆に責任やリスクをとってくれる人に対しては、失敗やミスがあっても、そこから一緒に学んでいこうという姿勢がその人から感じられるので、次回も一緒にやってみようとなるわけです。

結局、自分にリスクや責任をどれだけ引き受ける能力や気持ちがあるかということで、結果を問わずして、人間関係が決まってしまうのです。

ビジネスの関係だけでなく、友人、恋人、家族の関係でも、他責の人が無意識的に周囲に負担をかけていれば、その関係は長続きしないでしょう。

年齢とともに幸福になる人と不幸になる人の違いを私はそういうロジックで考えています。だからリスクをとり続けていくことと、なぜ幸福になっていくかということは、直観的には理解しにくいかもしれませんが、リスクをとらないことは不幸せの種をまいているに等しいのです。

要は、「幸福」と「不幸」の違いは、出会う人たち、周りにいる人たちとの関係性にあると思います。私は、「実力は2％、運が98％」だと思っていますが、その98％の中身は、人との出会いであり、他力を生かすことであり、チームワークから生まれるものだからです。他責の人は、自ら、よい出会い、すなわち、運を遠ざけてしまうのです。逆に、自責の人は運を引き寄せることができます。

◆他責の人は約束を守らない

そして、他責の人は周りに責任を押しつけるだけでなく、約束を守る習慣がありません。それどころか、他の人がたまたま約束を守れなかったときに、「裏切られた」とか、「恨んでやる」などと大騒ぎし、周りから疎まれるさらなる原因を作っていきます。

逆に、「悪いことがあったときに人のせいにしない。裏切られても騒がない。いいことがあっても威張らない」。こんなシンプルな習慣が身についてさえいれば、良好な人間関係が保障されて、どんどん幸福になっていくのですだから、小さな約束を徹底して、すべて守るというのが、川の左岸に移る一つの方法論なのです。

おもしろいことに、幸せ探しの本が書店にいやというほど並んでいるかわりに、責任についての本というのはあまりありません。

この本は、「責任」というタイトルこそついていませんが、おそらく他責的なタイプにとどまってしまう人は、タイトルの裏に「責任」の匂いをかぎとり、そもそもこういう本を読まないはずです。プロローグあたりを立ち読みして、そっと書棚に戻した他責の人もいるでしょう。

この本を読み進めることができない人は多分、先ほどの川の図の右岸に居ついたままなのです。逆に言うと、この本を手にとってここまで読み進めた時点で、もうあなたは自責的な人間になりつつあります。たいていの人はその間をさまよっていて、どちらかと言うと他責的になっているのだと思うのですが、せっかくここまで読んだのですから、この際ここで川を渡りきるキッカケをつかんでください。

この本を手にとって、「自分にはひょっとしたら他責的なところがあるかもしれない」、ということを考え始めた人は、「問題は可視化すれば解決する」という考え方があるように、自然に人生が変わっていくでしょう。

◆他責の人の特徴は「引きずりおろし」

約束が守れない、ということのほかに、他責の人の大きな特徴は、他人を批判したり、本当に引きずりおろそうと実力行使に及ぶことです。

「あいつはだめだ」とだれかの悪口を言った瞬間に、そのときは気持ちがすっきりするのでしょうが、トータルで長い目で見たときに、何もそこには変化は生じていません。

傍《はた》から見て、印象が悪いため、むしろ損をしてしまっているということにすら気づかないでいます。悪口を言う人と一緒にいたくないというのも、人間の自然の反応でしょう。そうやって、人から嫌われていくだけでも不幸です。そのうえ、批判することが知性だと勘違いしている人が、また、多いのです。

なぜ人の悪口を言ったり、批判したりすることにばかりエネルギーを注いでしまう人が多いかと言うと、自分で努力するより、批判しているほうが、相対的に楽だからです。要するに、自分がすばらしいということを証明するためには、他人が自分より劣っているということを証明したほうが、努力で自分を変えるより簡単なのです。

親しい友人同士、ちょっとからかってみたり、本気で部下や後輩を叱るのとはわけが違います。それはそれで、コミュニケーションの一種であり、「引きずりおろす」ことを目的にした非難とは全然違います。

あるいは非難は非難でも、香山リカさんが私を批判するのは、個人攻撃ではないことを前提に話をしてくださっています。香山リカさんがおっしゃっているのは、私の考え方、フレームワークの不備に対する批判なので、対談などもご一緒させていただくわけです。

それと違って、2ちゃんねるやツイッターで、匿名で行われるもののなかには、特定個人そのものへの批判が少なくありません。そして、そのような形で他人の批判をしているときは、一瞬、気が晴れるのでしょうけれど、それはまるで、薬物のようなものです。そのような薬物を打っている限り、短期的にはすかっとしても、何でも人のせいにしてしまう癖がついて、長期的には本人の幸福度はかけらも増えないわけです。

――批判をするならネット上でも実名で。

したがって、ネット上で発言をするときには自分の名前で内容に責任を持つ、という習慣をつけることも、不幸のループから抜け出す技術の一つです。自立の反対は「没個性」とも言い換えることができますが、没個性になるほど人は攻撃的になるということについては、心理学においてさまざまな研究がなされています。自分の名前を出さずに人を批判することは、自立から遠ざかることにほかならないのです。

◆不幸の原因：裁量のなさが産む不幸

他責的な人は対応能力・遂行能力がないから、他人に任せるしかなく、自分の不幸の理由を他者に求めて、どんどん不幸になっていく、ということを説明してきましたが、そこで出てくる技術が、自己裁量をどうやって大きくしていくか、ということです。

人生のコントロール権を自分に取り戻して人生を生きていくことが幸せにつながると私は考えているので、いかに人生において、時間の使い方や考え方、将来の進み方などについて、裁量の自由があるかは大変重要です。

そのように考えているのは私だけではなく、たとえば、婚活やパラサイトシングル、格差社会などの言葉を定着させた、中央大学教授で社会学者の山田昌弘さんも「裁量の自由が幸せ度を決める」ということについて同意見です。

具体的には、山田昌弘、電通チームハピネス著の『幸福の方程式』(ディスカヴァー・トゥエンティワン)という本のなかで、幸せは5つの要素で決まるということで「ペンタゴンモデル」と規定して、幸せを分析しています。その5つの要素の1つが、「裁量の自由」なのです。

なお、この本で紹介されている、「裁量の自由」以外の他の4つの幸福の要素もあげておきます。1つ目がプロセスの充実度を指す「時間密度」。2つ目が結果に対しての精神的な報酬を示す「手ごたえ実感」。3つ目が、その結果を自分の内面から肯定したときにわいてくる「自尊心」。4つ目は、外側から他人が認めてくれること、つまり「承認」です。

このペンタゴンモデルと私の考えは必ずしもすべて一致はしていませんが、「裁量の自由」というものを幸福と関連づけているという点でまったく同じです。

◆「引き下げ圧力」の強い国

そして、最初の私の仮説に戻るのですが、日本は圧倒的に裁量の自由がない社会です。法律上は確かに自由権は認められていますが、「世間」やその場の「空気」にそぐわないことをするのは本当に勇気がいることになってしまいました。そのことが日本人の幸福度の低さと関連しているという仮説はこれまでに述べたとおりです。自分でこういうことをしようとか、こういうことをやるぞ、というような内発的な意思が育たず、「今こういうことを言ったら空気読めてないとか言われないだろうか？」といった他人の目ばかりを気にしている社会なのです。だからこそ、決められたことだけを淡々とやり続けることが美徳とされているのです。

しかも、その決められたこと、ルールや制度といった類《たぐい》のものを自分自身で動かそうなんてこれっぽっちも思っていません。それがどんなに理不尽なルールであっても、不当なものであっても、唯々諾々《いいだくだく》として従ってしまうのが今の日本の社会ではないしょうか。

そして、周りの目ばかり気にして自由に生きられない日本の社会は、別の言い方をすると自己選択の余地が小さい社会と言うこともできます。ホモジーニアス、すなわち同質的な世界であり、学歴、偏差値や社内外の出世ルートなど、さまざまな構造がかたまってしまっています。そのルートから外れてしまうと、不幸せになる確率が高いので、そのルートだけはとりあえず確保しようとして、逆にその最低限の幸せに振り回されてしまうのです。それは結果的に不幸せになってしまう行動であり、最低限の幸せが最大の不幸だったというパラドックスを生んでいると私は考えています。

これは何も個人に限った話ではなく、日本全体にも当てはまる不幸せな沈滞ムードだと思っています。

世の中全体が不幸せムードのなか、個人がずば抜けて幸せになろうとしたり、あるいは自立をしようとしたり、自分でものを考え出すと、ものすごい勢いでみんなで足を引っ張る現象が起きてきます。突出した人物が登場すると、自分たちの存在が脅かされるような気持ちがして、世の中全体で足を引っ張るわけです。

独立心を持つ人間を「引きずりおろす」現象は、まさに他責的な人たちの「お祭り」でしかなく、ここから社会には何もよいものはもたらされません。

◆リスクをとって報われる社会かどうか

結局、日本を不幸にする原因というのは、みんながリスクを避けることで、リスクをとる人の足を引っ張り、頑張ったことが報われないということにあります。別の言い方をすれば、既得権益が余りにも大きすぎて、その既得権益を打ち破ろうとリスクをとった人が報われないどころか、十分な報酬が与えられず、しかも下手をするとみんなに足を引っ張られるということに帰着していくように思います。一念発起する人がいて、競争にトライしても、うまくいかないから挫折《ざせつ》感を味わって不幸になるわけです。

新卒一括採用・終身雇用も「リスクをとらせない」システムです。70年代、80年代のように、景気がよく労働者が確保しにくい状態のときに、新卒でとにかく大量に採っておかないと後で採れないという恐怖感から、極めて合理的な行動として企業はそのシステムを採用してきました。ところがデフレが20年も続いて不景気になっても、いまだにそれを続けているので、矛盾が出てきています。終身雇用は続けながら、非正規雇用を大量に増やし、世の中全体の不幸の総量が増加しているのです。また、新卒一括採用・終身雇用の企業で働く人は、その枠内においてでしか、仕事のリスクを追求できない。安全な企業の内側から一歩離れてしまった瞬間に、とても厳しいサバイバルが始まるので、それができるほどの強い人はよいのですが、いわゆる平均的な日本の教育を受けた個人は、それに耐えられるほど強くなっていない。そこの問題だと思います。

そして、基本的に日本での動機づけは、人にやらされている動機づけです。ですから、幸福感がとても低いのです。若いときから、年をとるまでずっと、自分たちの自由度が非常に低いことと、日本人の幸福度が低いこととは関連しているのです。

しかもリスクをとらせてもらえず、とりなれていないということ自体が、不運です。その結果、リスク・マネージメントの技術のないまま、ある日突然会社にリストラされるなどして無理やりリスクをとらされ、ますます困窮してしまう人が量産されるのです。

企業という安全な領域とそれ以外の荒野に分割されている日本で、冒険しようと思えば、かなり高度のリスク管理能力を持っていないと危ないのです。ところが、世の中のシステム、特に終身雇用制度というのは実は自責的な人間を育てないような仕組みになっている。中程度以下のリスク管理能力の持ち主であれば、短期的には他責的なままでいるほうが有利な社会になっているのです。

しかし、個人としても他責的なままでいれば中長期的には不幸になるし、国全体の生産力なども落ち、イノベーションが進まないという大きな危険が潜んでいます。ですから、社会としても、他責的な生き方をやらないで、むしろ自責的なリスクをとる人を奨励するようなインセンティブを与えていく設計にしていかなくてはならないのです。

◆他責人間を育ててしまう日本の教育体系

変化を恐れ、リスクをとらせないこうした日本社会の傾向は、つきつめれば、家庭および学校の教育の問題になっていくでしょう。日本というのは子どもたちになるべくリスクをとらせないような方向で教育をします。要するに過保護なのです。

他愛もない話ですが、こんなエピソードがあります。私の一番下の娘は、今、小学校6年生です。彼女は小学校に上がったころから料理に興味を持っていて、今では、親の私がいないときでも、ホットケーキやオムレツを上手に作ります。その延長で、お友達のうちへ行ってガスレンジを使って料理をしようとしたら、小学生が火を使うなんて危ないということで、お母さんがすっ飛んできて、娘が非常に驚いた、ということを聞きました。それぞれのご家庭のルールというのはもちろん尊重しますが、「安心・安全・清潔」といった価値基準で子どもたちに接するのは、成長ということを考えたときに、リスクをとる能力を妨げてしまう可能性もあると私は思います。

生まれたばかりの赤ん坊は何もできませんので当然、人間はだれしも他責から始まります。そして、経験を重ねるうちに、責任能力が磨かれ、より広い範囲で、だんだん自責の範囲が広がっていきます。

リスクをとらないと、リスク耐性が身につかないので、リスクに慣れていかないのです。これは、抗菌のしすぎと同じことで、ありとあらゆるものを抗菌しすぎてしまったら、免疫のバランスがかえって崩れてしまってアレルギーになってしまった、というようなサイクルにはまり込んでいるわけです。

適切な状況でとったリスクの量と、その経験に基づく本人の成長の力というのは比例すると私は考えています。ところが、日本の学校や家庭でも、リスクを組み込んだ教育というのができていません。このような部分に、幸せの尺度を他者に預けてしまう人を育て、引き下げ圧力の強い国を作っている原因が潜んでいるように思うのです。

◆自分の幸せを他人で確かめるな——幸福の絶対・相対

ですから、社会の引き下げ圧力を減らし、個人としても他責的な生き方から、自責の人に変わっていくためには、「幸福の基準を他人と比較しない、自分は自分である」ということを徹底して教育していくしかないように思います。

他人と比べる幸せというのは言ってみれば相対評価による相対的な幸福感です。これに対して、過去の自分と今の自分を比較するのは絶対評価による絶対的な幸福感です。要は自分のなかに、幸福の絶対的な尺度を持つことこそが絶対的な幸せをつかむ前提と言えるのです。

よく私が口癖のように言っている、「他人の欲望を生きてはいけない」という話は、「自分の幸せを、他人を使って確かめてはいけない」という意味なのです。

他責の人と、自責の人との最大の違いは、ここです。「自分の幸せを他人で確かめるな」ということがわかっていれば、それだけで、自責と他責の間にあるあの大きな川を渡ることができてしまうのではないかと思うほどです。

しかも、不思議なことに、他人の幸せで自分をはかる人ほど、「他人は不幸だ」と思いたがる傾向があります。それも、妬《ねた》みというような意識できる感情以前に、無意識にやっていると思うのですが、「他人の不幸せを見て、自分の幸せを感じる」というのは、実に歪んだ心の働きだと思います。

◆幸福は「自分比」ではかれ

幸福度というものをはかる尺度として、やっぱり「自分比」で考えていくことが、自分のためだけでなく、社会環境もよくしていくのだと思います。

この世には生まれつきすごく幸福になる確率が高い人もいれば、低い人もいます。生まれつき美人に生まれる人も、そうでない人もいるのが現実です。そこで自分の美人度を他人と比較することだけで生きていたら、絶対に不幸になってしまいます。自分のなかで、よりきれいになる。それでいいのです。

私が努力のプロセスが大事だとよく言っているのは、昨日より今日、今日より明日の自分がよくなれば、自分が幸せになれると考えているからです。

これは発展途上国を見ると明らかなのですが、日本の若者より貧しいけれども、日々発展している国の若者のほうがよっぽど幸せな状況にいるのです。彼らのほうが、健康的にも金銭的にも苦しいかもしれないのだけれど、今日より明日、明日より明後日のほうがよくなる、という確信があるからなのです。

いわゆるストックとしての幸せと、フローとしての幸せの組み合わせ・バランスが幸福にもあるのでしょう。社会として恵まれたストックがあるがゆえに、日本では今、手元にやってくるフローの幸せが小さく見えるというパラドックスを私たちは生きています。だから、「自分比で考える」という発想が大事なのです。

◆他人と比べないためには「修行」が必要

ただ他人と自分を比べなくなるまでには、それなりの修行を積む必要があります。どうしたら比較の罠《わな》から脱却できるか？　まずは、「余計なことを考えない」ということが基本になるでしょう。

たとえば、ただひたすら千日間、歩きつづけるという千日回峰行という修行があります。比叡山《ひえいざん》の大阿闍梨《あじゃり》、酒井雄哉《ゆうさい》さんにお目にかかったときに聞いた話なのですが、それを無心にやっていくと、人と自分を比べようなどという気持ちは自然と消えていくそうなのです。

たまたま病気をすることによって、壁を乗り越えるケースもあります。死に至るほどの病気や事故から生還すると、「人間って、わりと大したことないんだな」「自分って簡単に消えちゃうんだな」と思い、あまり他人のことが気にならなくなるのだそうです。

この間、テレビ局でビートたけしさんにお目にかかったときにも同じことをおっしゃっていました。「もう自分は1回死にかけていて、ほとんど死んだと思っているから、このまま楽屋に帰って死んでもいい」と。事故の後のたけしさんは、達観している様子が本当に伝わってきます。人を妬むとか、そういった感情が切り離されているようです。

実際には、こういった極限の体験を得るのは難しいからこそ、私たちは、日常のなかで、とことん、「人と比べない」と自分に言い聞かせる必要があるでしょう。

第2章　自責（自己責任）とはリスクの川を渡ること

◆右岸から左岸をめざす

私自身はまだ、前の章で紹介したビートたけしさんのように、「いつ死んでもいい」というような境地には到達できていません。しかし、出産をしたり、育児をしたりするなかで、人と比べていても何も始まらない、自分で人生に責任を持とうということは少しずつ学ぶことができたように感じています。子育ての分、仕事の時間は独身の方や専業主婦に家事を任せている男性と比べて100%とれるわけではありません。また、自分が女性であるということで、仕事上のハンデがなかったと言えば、うそになります。だからこそ、そのバランスのなかで、条件が違う人と比べてもしかたない、ということを体験から理解していったのです。

そして、私が特に、「他人との比較を気にしないようにしよう、やめよう」と決心したのは、30代の初めのころでした。

先ほどの川の話に戻して言えば、おそらくそのころに、自分はこの「リスクの川」を渡り始めたのだと思います。

そして、他人と比べても無駄、ということと並んで、他人に期待しないことを、この時期、同時に学びました。幸か不幸か、離婚や転職などいろいろな人との別れが集中し、物理的に夫や親友や上司に頼ることができなくなったという環境の変化があったのですが、夫や友人や上司が、自分よりも自分自身を大事にしてくれるわけはない、ということも経験のなかから徐々に、わかってくるようになりました。結局、自分のリスクは自分しか引き受けられないのです。

あきらめと言えば、あきらめです。しょせん、他人はアドバイスしかしてくれなくて、自分のリスクなどは肩代わりしてくれないのだ、そんなことを期待してはいけないのだ、と思い知ることですから。ただ、そのあきらめを得たことで、右岸から左岸へ、他責の人から自責の人へと転換ができたように思います。ある意味、他人が何とかしてくれるとまだ思っている人は、私よりもよほど、性善説なのかもしれません。人が自分並みに自分のことに真剣になって、対処してくれると思っているのですから。しかし、ほとんどの自分の問題は、自分が主役にならない限り、決して終わらないのです。

また、おもしろいことに、このあきらめがあればこそ、他人の考えに振り回され過ぎずに周りからの助言を上手に活用できるようになりました。そして、周りからの支援に対して、深い感謝の念が自然とわいてくるようにもなりました。

この川の渡り方は、本当に人それぞれだと思いますが、さまざまな環境変化にどう対応するかで、川を渡る人と、渡らない人が出てくるのではないでしょうか。

たとえば、私の事務所の共同パートナーで、『デフレと円高の何が「悪」か』(光文社)の著者としておなじみの上念司さんは、長銀をやめた20代に、終身雇用からドロップアウトした恐怖感を味わいつつも、自分なりの仕事を模索し続け、この川を渡ることができたと言っています。

離婚も仕事上の挫折も不幸と呼ばれる体験かもしれませんが、超メタ的に見ていけば、この川を渡るためのよい船なのです。そのときは不幸だと思うかもしれないけど、リスクを受容していることになりますから、左岸に渡る絶好のチャンスです。

ただ、その苦境にいるときに、「これはあいつのせいだ」「社会のせいだ」と、責任転嫁の心でいる限りは、右岸のダークサイドに引き込まれてしまいます。ここで多くを学ぶ必要があるのに、そういうときこそ、逃げてしまいがちです。

つまり、このような不運な局面では、自分の力で悩みまくることができるのか、周りを責めて終わってしまうのかが、試されているわけです。

したがって、仮に結果が伴わなくとも、悩みぬけばよいのです。姜尚中さんの『悩む力』（集英社）という本がベストセラーになりましたが、他人に責任を転嫁して気楽な気持ちでいるより、よっぽど自分の責任だと受け止めて、悩みぬくことが大事なのです。悩んで悩んで悩んでいくと、ふと、どこかでリスクの川を渡れるようになります。

◆不運と不幸は違う

正確に言えば、ここで話をしている試練は、不幸ではなくて、不運です。ここから先は、不運と不幸をきっちり分けて説明していきましょう。多くの人は、不運と不幸の区別がついていないように感じています。

不運は定期的に私たちのところにやってきますが、使い方によっては、不幸を退ける力、幸福になる力をつけてくれるものです。人間は、めぐってくる運についてはコントロールをすることができません。しかし、仮に不運がやってきても、この川を渡る船だと考え、自分で責任を持って事態に取り組むことができれば、自責的な人となって成熟し、幸福のスパイラルに入っていくきっかけにすることができます。

つまり、運は人生の波にお任せするしかないのですが、幸せはコントロールできるというのが、私の結論です。幸福は技術の習得によって、ある程度、コントロール可能なものにできるのです。

たとえば、私の人生は人によっては不幸だと思うでしょう。2度の離婚、3度の転職、いろいろありました。これらは不運とは言えるかもしれませんが、不幸ではありませんでした。技術を磨くきっかけとなり、川を渡る力をつけてくれて、今の自分の「幸福感」のもとになったと確信しています。

◆補助輪つきの「幸せ」と「自己肯定」感

そして、何が不運で何が幸運なのかは、問い詰めても無駄、という気がします。

たとえば、恵まれた家に生まれ、いい学校に通わせてもらったにもかかわらず、その後、必ずしも幸福な人生を送っていない人を、私たちは思い浮かべることができます。実際、私は慶應を中等部から入学したため、慶應の幼稚舎から入学した、実家が裕福で、本人たちもとても容姿に恵まれている男女を100人単位で観察してきましたが、全員がその後すばらしく幸福な人生かと言うと、それは本当に、ケースバイケースなのです。

恵まれていたにもかかわらず、幸福になれなかった人の多くは、恵まれすぎていて、自分の力をつける機会が乏しかったからだというのが私の観察です。成長して、親のサポートがなくなったとたん、実力以上にうまくいっていたことが、調子を崩してしまうのです。ある意味、恵まれすぎた人たちの若いときの成功は、補助輪つきで自転車に乗っているようなものですから、補助輪が外れたときは、転んでしまうわけです。そうやって考えると、そのような恵まれた環境で育ったことが、幸運なのか、不運なのかは、後の生き方しだいで大きく変わります。

では、何が幸福と不幸を分けるかと言うと、私は「根拠に基づいた自己肯定感」だと考えています。なぜ教育熱心な親が必要かというと、自己肯定感を与え続けるからです。教育熱心な親のもとで、よい習慣を身につけた子どもは、どんどん成果を生むことができますし、それはある意味、当たり前です。そしてさらに、そのことについて、「あなたはいい子よね」と精神的な肯定感を与えつつ、ちょっと間違ったことをすれば、「今度はこうしましょうね」と親がよきコーチとして伴走してくれているわけです。ただし、そのときにむやみに親ができもしない子どもを褒めると、必要以上に自己肯定感が肥大してしまうのが危険なのです。ガミガミとできないことを叱ってもいけませんし、逆に褒めすぎてもいけない。難しいです。「過ぎたるはなお及ばざるがごとし」ではありませんが、教育熱心でないよりはあるほうがいいとしても、度が過ぎればこれもまた問題なのです。

とは言っても、子ども時代は、評価の仕組みが、点数表示や偏差値で比較的わかりやすいから、親の過大な教育も短期的には成果が出てしまいます。ところが、社会に出ればそうではない、という問題があります。大学までは、その点数システムのなかでサバイバルしていくことだけを考えていればよいのですが、社会人は、自分自身で、問題を設定し、採点システム自体をつくり、採点そのものも、自分でやらなくてはいけないのです。しかも、社会人はだれも褒めてくれないのが当たり前で、身近にコーチもいませんし、テストというわかりやすい枠もありません。そこに直面して、壁にぶち当たってしまうのが、親の庇護《ひご》がありすぎた、家が良すぎたなかで育った人たちなのです。

子どものときに、自分で考える力を育てるチャンスを親に奪われ、親に点数制度のなかで無理やり実力以上に伸ばされている人たちが、私の周りにはたくさんいます。その家の採点システムのなかでまじめに育ってしまったりすると、とくに長女などはそのときに親に反抗せずに従ってしまう傾向があるため、親の価値観の呪縛《じゅばく》が取れた瞬間の戸惑いを乗り越えるのに苦労するケースが多いと感じています。

一方、私はまったく自慢になりませんが、4人兄弟の4番目、三女でしたから、親の育て方はきわめて緩いものでした。勉強を見てもらった記憶はありませんし、成績表を家に持って帰っても、きわめて無関心でした。当時、そのことに不満がなかったと言えばうそになりますが、逆に自分で進路を決めたり、勉強方法を考えるきっかけになったと思います。

ですから、一時の幸運が本当に人生の幸福につながるとは必ずしも限らないわけです。とはいえ、PDCA（199ページで詳述）のD（Do）については何も言われなかったのですが、「約束を破るな」「ものを散らかすな」といったようなDon'tはずいぶんと細かく言われました。また、放任の三女は、逆に厳しく管理されてきた姉たちを横目で見ながら、「女性は就職が大変そうだ」というようなことを自分で分析して、学んでいく機会がありました。親の過度な庇護がなくても、問題意識があれば、意外とさまざまなことは学べると考えています。

◆成熟の川を渡る

ここまで、みなさんに「渡るべき川はこれ！　向かうべきは左岸の自責の人」ということをビジュアルとしてインプットしていただくために、あえて使わなかった言葉があります。この右岸から左岸への動きを一般的には何と言うと思いますか？

それは、「成熟」というキーワードです。

何のために年を重ね、経験を積み、何のために成長していくかというと、このフレームワークでいう川を渡ることにつきるのですが、つまりは成熟のことなのです。そのためには、自分を客観視し、問題解決能力を身につける必要があります。

成熟している、ということは、単に営業成績がよい、とか、言葉遣いが丁寧だ、とかそういうレベルの話ではないのです。日本の女性に多いのですが、言葉遣いや人当たりは非常にやわらかく丁寧だけれども、慇懃無礼《いんぎんぶれい》な印象を与えてしまう人というのは、責任をとろうとしていない人、リスクをとらずに逃げてしまう人だということが相手に「ばれて」いる証拠です。逆に言葉遣いは多少乱暴でも、頼れる上司というのは、部下は見抜きます。「おれに任せておけ」とか「私がやります」みたいな人のほうが、よっぽど一緒にいて安心ですよ。

そうした人間的に成熟した人は、組織のなかでも、その存在を求められる機会は多いのです。トラブルシュート、すなわち問題解決のできる人ですから、こういう人が管理職にいる組織は強いです。ゴールキーパーのように、トラブルが起きても、「おれが謝っておくから、後は自由にやれ」と、若者をいきいきと働かせることができます。

社会という単位でも、活気を作っていくのは、若さだけではなく、こうした成熟です。私が35歳独身限界説を唱え、結婚を推奨しているのも、この「成熟」という理由からです。結婚すれば、責任をとらざるを得ないような外的な力が働くのです。もちろん、なかには結婚をしても、右岸にとどまる人がいて、それがＤＶや子どもの虐待につながっていったりするわけですが、大半の人は子どもを産んだり、育てたりするなかで、成熟していく機会を得ることができます。実際、どうでしょう？　これは私の主観ですが、子だくさんの人たちに他責的な人は少ないように感じます。

◆川を渡ると違った風景が開けてくる

ここで育児休業を取った知人の女性の話をさせてください。某一流企業に勤めていたこの知人は、会社の規定を素直に信じて、最長の三年間の休業をたっぷり取得したのです。

彼女の復帰後の配属先は、いわゆる「ショムニ」。会社の隅の方に席があるだけで、何も仕事がありませんでした。しかし、彼女が偉かったのは、やりがいのない仕事を投げ出すでもなく、また閑職に追いやった会社をうらむこともなく、「どんな工夫ができるかな」ということを頭に置きながら発想し、改善案を提案するという繰り返しを継続していったことです。

最初の提案は、ビルの片隅に押し込められたような「ショムニ」職場を何とかしようと、「ロッカーやデスクの位置を変えて通路を作り、多少なりとも働きやすい環境にしたい」と上司にかけあったことでした。そして、無事、「ショムニ」に通じる路ができて、他の部署との交流が始まりました。

次には、派遣スタッフたちが担当している伝票整理を自ら、「私にもやらせて」と手をあげて、その手伝いをしながら、携帯電話の請求書の数の多さに気づき、「これをまとめて法人一括請求にすればもっと安くなるじゃないか」と提案し、大幅なコスト減を可能にしました。

そうした提案を繰り返すうち、彼女は一目置かれるようになり、この部署からも抜け出し、さらには抜擢《ばってき》に次ぐ抜擢で、とうとう、自分の子どもの保育園の連絡網があまりに貧弱だということをきっかけに、新しい連絡網サービスを企画し、社内の人たちを巻き込んで作り上げ、大変開発コストのかかるこのサービスを、なんと商品化してしまうのです。

その後、地方支社から、乞われて東京本社に転勤し、今でもこのサービスの拡販を担当しています。

ここで私が強調したいのは、彼女の最初の一歩が、実に小さなものだったということです。ちょっとした改善を自分で工夫していくことを癖になるまで習慣化したり、提案・実行の際にどういうふうに何が障害になっていくのかということを少しずつ学んでいき、最終的には、大きな企画を実現させる力を身につけたのです。

小さな一歩、一歩が彼女を変えていったのを見ていると、腹をくくって、自責的になるだけで違った風景が広がってくるのだな、としみじみ思います。右岸にいる間は、つまり「周りが私を助けてくれない」と嘆いている間は、物事は動きません。そしてますますつらくなります。しかし、左岸に立って同じ状況をながめている人は、「私がどんな工夫をすれば、周りは動いてくれるだろうか」と主客逆転の発想をしています。

これは実際に川を渡ってからでないとわかりにくいのかもしれないのですが、本当に「気が楽になる」のです。ですから、川を渡り、何もしてくれない周りを責める自分から脱け出せれば、「自分ができることは何だろう」という発想で自分の置かれた状況をわくわくしながら見ることができます。これこそが、幸せなのではないでしょうか。

◆「〇〇がない」はチャンス

そして、「ない」は自分がそこで何か提示できる、何かを作るチャンス、そこに入っていけるチャンスだというふうに考えることができれば、何かすごく楽しい感じがしてくるはずです。

私自身の経験で言うと、マッキンゼーに28歳で転職したときの話がこれに当てはまると思います。マッキンゼーでは転職後、2週間目から現場に放り込まれ、社員研修の充実していた前の会社、アーサー・アンダーセンのような「教育」を期待していた自分は、しばらく途方に暮れていました。仕事がうまく進まない時期によぎった思いは、「どうしてこの会社はまともなトレーニング・プログラムがないのだ」という不満でした。

しかし、多少時間がたち、自分で「解」を探す方法や、日々、改善を考えるというのが習慣化してくると、この自分の不満自体が幼く思えてきます。

そして、実行したのが、ないのなら作ればいいと、新人用トレーニング・プログラムの開発です。自分が入社してから1年間苦労していたことを洗い出し、それを教えてくれる人を探して、教材を作り、上司に掛け合い、そのプログラムに予算をつけ、実際に全新人社員教育のプログラムとして完成させ、初年度は入社2年目以内の社員は強制参加という仕組みで集合研修を実施しました。以後、このプログラムが毎年、新人に実施されるようになったのです。私がこのプログラムを作ったのは入社2年目でしたが、その年の社内クリスマスパーティーで「会社にもっとも貢献した社員に与える賞」など複数の賞をいただき、このときから、私に対する社内の評価ががらっと一変し、仕事が本当に楽になったのです。そして、このプログラムも私一人で作ったのではなく、こんなことを考えているんだけれども、とつぶやいたところ、社内のさまざまな人たちが無償で協力して、できあったものでした。そう、リスクをとる決心をすれば、自ずと賛同者が集まってくるのです。

このことは、私自身の発想の主客が逆転して、風景が違って見えてきた、ということに加え、周囲が私を「川を渡った人」であると認めてくれた効果も強く感じました。この人に投資しても無駄ではない、と周りが判断すると、自然によいオファーや適度なサポートが舞い込むようになってくるのです。

幸せの好循環を自分で作るためには、やはりリスクの川を渡ることが大切なのです。

◆彼岸をめざさない

ここまで、右岸から左岸に向けてリスクの川を渡る、他責の人から自責の人になっていくことが成熟である、という話を進めてきましたが、この2タイプの人たちの特質をさらに説明するために、図にもう一つの「岸」を加えたいと思います。

右岸と左岸を隔てる川の河口から遠く水平線の方を眺めると、ぼんやりとかすかに見える大きな陸地があります。遠くて霞がかかっていてよく見えないのですが、あなたは今いる岸辺よりもずっと豊かで過ごしやすい理想的な土地なのかもしれないと勝手に想像して

彼岸
＝
理想・幻想
自責の人
左岸
・「理想の社会」を
夢想してしまうことがある
・自分の限界を超えて、
社会に変化を起こそうとして
燃え尽きることがある
成熟という川
右岸
他責の人
・幻想にすぎない
「理想の自分」を思い描いている
・「理想の自分」がうまくいかない
ことを社会のせいにする

います。これが彼岸という名の岸辺です。

ここでいう彼岸とは、人の頭のなかにある理想、ゴール、夢のようなものを指しています。現実の世界には存在しないので、たどり着くことができません。

竹田青嗣さんがニーチェの思想を解説した『ニーチェ入門』（筑摩書房）という本のなかに、彼岸に理想を求めてはいけない、という趣旨の言葉がありますが、これをヒントにしたフレームワークです。

この彼岸を、他責の人は、常に意識しています。というのは、彼らの頭のなかで、彼岸にいる「理想の自分」を思い描いているからです。

とはいえ、その「理想の自分」は存在しないため、現実の自分は現実の世界で次々とうまくいかないことにぶち当たります。しかし、自分は「理想」的で、誤謬《ごびゅう》のない存在ですから、彼らの思いとしては、「社会のほうが間違っている」という考え方に陥るわけです。

この図に基づいて言えば、「彼岸をめざさず、左岸をめざせ」と言いたいところです。理想の自分、美しい自分が幻想だと知り、ありのままの自分で、リスクいっぱいの川の流れに身を投じるべきなのです。

しかし、彼らは川が怖く、左岸を見ようとはしません。彼岸を白昼夢のように思い描き、失敗を恐れ、周りを妬み、批判し、ニヒリズムに陥りながら、加齢とともに不幸になっていくのです。

まず大事なことは、彼岸は幻想であるということを認めることなのです。

◆自責の人も夢見てしまう彼岸の誘惑

一方、自責的な人間も、別の意味で、彼岸に理想を描いてしまう傾向があります。自分より弱い人、困っている人、まだ右岸にいる人たちを見たときに、ついつい余分な救いの手を差し伸べたくなる欲求に負けてしまう、というパターンです。

ほかの人を助けること自体は悪くないのですが、自責の人はスーパーマンではありません。自分の限界が当然あるということも、客観的に受け止めないといけないのです。

結局どこまでだったら自分で責任を持って影響を与えることができて、どこからは、自分では手に負えないのかを、見極める必要があるのです。政治の問題なのか、社会の問題なのか、あるいは人間の限界として、絶対に変えられないことなのか……。問題の質と自分の限界を踏まえたうえで行動しないと、自責的な人間は、理想が自分の力でかなえられないことに挫折感を覚え、燃え尽きていきます。それどころか、いい方向に変化が始まらない現実について、「社会が悪い」「政治家が悪い」といった他責的な批判を繰り広げ、結局、右岸に舞い戻っていく危険性すらあります。つまり、他責的な人が彼岸を夢見ながら、変えられない現実によってニヒリズムに陥っていくルート、その挫折の道を自責的な人も、いつでもたどる可能性があるのです。ですから、自責的な姿勢をいったんとれるようになった人たちも、ニヒリズムの罠に陥る可能性のあることを踏まえたうえで、他の人のためになる行為や社会貢献を行っていかないといけないのです。

私自身も、自分が本来引き受けなくていい責任まで随分引き受けていた時期があり、「責任をとりまくる理想の自分」という彼岸の誘惑にはまりかけていたことがあります。が、親しい友人から、「そういう考え方の癖は外したほうがいいよ」と示唆されて以来、自分が周りとうまくやれる範囲に活動をとどめることで、逆にできることも増えたし、また一段、自分の幸福度も上がったという実感があります。その後、私自身はできる限りの考え方の材料は提供するけれども、強要はしないことにしています。

◆できることを少しずつ

たとえば、著作の印税の20％をNGOであるJENに寄付をして、途上国の自立を助ける「Ｃｈａｂｏ！」という仕組みも、自分がバーンアウトしないように留意して作ったものです。

途上国の人たちの支援を行う、というのは、典型的に、理想に向かう行為、彼岸にあこがれる行為です。だからこそ、できる範囲で、できることを、ちょっとずつやるということを肝に銘じて進んでいくしかないと思っています。

たとえば軍事政権の残っている途上国を援助することについて「これがなくならない限り、何をやっても変わらないよ」「井戸を掘ったり、学校を作ったりなどしても無駄」という批判もあります。しかし、軍事政権が、はたして、いつ消えてくれるかなんてわからないし、しかも軍事政権をなくすことに私は影響を与えることができません。

もちろん、私だって、別に軍事政権がいいとは思っていませんし、途上国でも民主化が進んでいってほしい、機会をみんなが等しく享受できる社会がどの国でも実現されることを夢見ています。しかし、軍事政権を止めるプロセスは、自国民が納得して、成熟して、自ら民主化を選ばない限り、私たち海外の人間が内政に干渉すべきではないのです。

だからこそ、少なくとも、現状においては、途上国に対して部外者である私が民主化の理想論を説くことは、「彼岸」だということを理解しているべきだと思うのです。彼岸にうつつを抜かしたり、彼岸への距離に打ちひしがれているよりは、自分たちが確実にできることに集中したほうがよいのです。

また、現地を訪れると、国連やＮＧＯで働く人たちのタフさに感銘を受けます。とはいえ、「あんなふうに人生を捧げて、援助できない自分はだめだ」と、人との比較で考え始めると、また苦しくなるだけです。

あのマザー・テレサの人生ですら、「インドの貧困削減のために八面六臂《はちめんろっぴ》の大活躍をした」というような武勇伝ではありません。彼女の価値は、目の前で死んでいく人を一人一人看取っていくという小さなことをとても丁寧にやり遂げた点にあります。

だから健全な自責の人は、もちろん理想を掲げるのはよいのだけれど、批判ばかりの他責的な態度に戻っていかないよう、意識しておいてほしいのです。そして、何より一番怖いのは、理想や彼岸を言いわけにして、現状の手を止めることだと思います。

私は「毎日新聞」で「クロストーク」という連載をしています。この企画は現実的な問題解決のための提案を行うのが趣旨ですが、やはり、理想や彼岸を言いわけにした意見も、少なくありません。もちろん、それはそれで意見として考えるべきですし、尊重したいと思いますが、私が問題解決の手法として徹底的にたたき込まれたのは「反論するときには、必ず対案を出すこと」でした。よりよい案を提示できなければ、反論の説得力が弱くなるということです。こちらも、自責的に動くポイントだと考えます。

第3章　他責の人はなぜ失敗を嫌うのか

◆日本人が幸福になれない構図

裁量の自由のない日本の社会では、他責的な人が成熟していく機会がなく、右岸に居座ったまま、彼岸を夢見て批判と不幸を撒《ま》き散らすことが許されてしまう、という話をここまでしてきました。

日本の社会がこういう構造になっている理由の一つが、「宗教の不在」にあると私は考えています。第1章で紹介した大阪大学の研究報告『なぜあなたは不幸なのか』にも、「熱心に宗教活動をしている人は有意に幸福である」という統計が出ています。

私自身は特定の宗教を信じているわけでも、推奨しているわけでもなく、誰彼かまわずに特定の宗教を信じて幸せになれという意味でもなく、まず客観的にこのことを分析していきたいのです。宗教不在の日本で幸福を追求する難しさについて、一緒に考えてみましょう。宗教不在の社会の構造は、なぜ他責的な人が日本に多いのか、ということと密接につながっているのです。

たとえば、海外では、宗教教育かそれに準じたような教育を受ける場合が多いので、それぞれの宗教観に基づいた幸福論のフレームワークを子どものころから、インストールされます。幸福論の観点から言うと、大変これはよくできたシステムです。キリスト教でいえば、「正しいことをすれば天国に宝をつんでいることになる」とか、「神の前ではみな平等」などと教えられるわけですが、この教えのもとで社会もうまく回るし、本人も社会のなかでうまくやっていくことができます。不運にぶつかったときも、神が与えてくれた試練だと思えば、乗り越えやすいし、現世でうまくいかなくとも神の導きどおりに行動していれば天国に行けるという救いがあります。そして、もちろん、飴《あめ》とムチの構造で、善行を重ねていかないと地獄に落ちるという「脅し」もワンセットです。このままだと地獄に落ちるけれど、神の教えを学び、そのとおりに行動すれば、大丈夫だ、救済されるぞ、と。

つまり、善悪の規範だとか、幸・不幸の考え方のフレームワークが、子どものときからしっかりと埋め込まれているわけです。そして、大人になったときに、その規範をそのまま信じて過ごせばそれなりの幸せはあるでしょうし、逆に神様や宗教を否定してそれを乗り越えようとするときには、かなりの内省が必要です。神の否定といっても、そこでは、やっぱり自分との対話、あるいは神に代わる何かを想定して、そこで対話をしている。とことん内省して、新たな自分の軸を作るわけです。

ひるがえって、日本人にはそういう内省的な訓練が圧倒的に足りなくなっています。残念ながら日本で育つ限りは、対立して乗り越えるような宗教的な幸福観をはめ込まれることはありません。

欧米人でも、科学的なものの見方がこれだけ発展した今、宗教の奇蹟を信じる人ばかりではないでしょうが、それはそれで、その「非合理性」を乗り越えるというステップが要求され、内省が生まれるわけですから、その「非合理性」がある意味、健全性を作っているわけです。

◆先祖供養には幸福論がない

阿満《あま》利麿さんという有名な宗教学者が、『日本人はなぜ無宗教なのか』（筑摩書房）という本でおもしろいことを言っています。

「日本人は無宗教」と言ったときの「無」という意味は、名前の「無い」宗教のことで、先祖崇拝のような「自然宗教」のことを指しています。死んだらお墓のなかから、自分の子孫たちを見守っている、という牧歌的なものですが、これが意外に根強く、外来の宗教からしたら手ごわいのです。仏教からキリスト教にいたるまで、いろいろな宗教が日本に入ってきたなかで、その都度、先祖崇拝との「戦い」が起こり、妥協を強いられてきています。たとえば仏教は本来先祖供養などしない宗教なのに、日本では葬式仏教と呼ばれるくらい葬式とその後の供養にばかりなった、という具合にです。

このように先祖供養的な名前のついていない宗教は、供養を中心としてあの世とこの世の関係を語ることはあっても、キリスト教やイスラム教にあるような体系的なより現世にフォーカスした幸福論、規範論、倫理観を直接語ることが少ないと私は考えています。だから、日本人が幸福を考えるときに、現世的な幸福論を携えた宗教が身近になく、それには頼れないというわけです。

そして、同時に見逃せないのが、宗教的なコミュニティが日本（特に都市部）ではあまりメジャーではないこと。最近は弱くなってきているのかもしれないですが、欧米なら教会を中心とした宗教コミュニティがまだ機能しています。そこに行けば、全面的に自分の存在を肯定してもらえ、正のフィードバックを受けることができます。現世での宗教コミュニティが身近になくとも、神様のいる天国を思い描き、安心感を得ることもできるでしょう。

◆「主人」「マスター」を探してしまう日本人

欧米と日本とを比べたときに、彼らは自我が日本人より安定していて、他人から認められることに依存しなくても大丈夫なのではないかと私は考えています。

神様からも、宗教コミュニティからも「安心」を得られない日本人は、他者からの評価を気にし続け、その状態がひどくなると、常に自分を評価してくれる「ご主人様」「マスター」を探してしまう癖があるように思います。日本人は対人関係に依存した形でないと、規範や承認、そして自我というものを確立できず、周りに寄りかかった他責的な人が多い傾向があるとも感じています。

他責的な人は仕事や学校の場で失敗をするのがこわく、常に承認を求めていくようにもなります。自分のことを「見て見て、認めて」と。それが結局、空気を読まなきゃいけないといった行動規範につながったりするのです。中毒的に携帯電話、ブログやツイッターにはまったりする人がいるのも、人とつながっていないと気が済まない、人に依存していないと安心できない、というところからきているように思います。

宗教はすべての社会的な道徳的な原点でもあるし、規範の原点でもあれば、自分の承認欲求の原点でもありえます。それがない私たちは不幸のループにはまりやすく、他を責め続ける人にもなりやすい、ということを常に意識していないといけないと考えるのです。

◆自責的な人は「じゃんけん、じゃんけん、またじゃんけん」ができる

こうした「宗教なき日本」という社会では、自我の問題が難しいというのに、困ったことに、他責の人は、単一アイデンティティ思考なのです。職場もしくは学校の自分がすべてで、いわゆる、「労働一神教」の下で生きているということです。他責の人は上司や先

生に認められることが非常に重要で、アイデンティティを託している学校や職場という閉鎖された空間で爪弾きにならないように、ひたすらミスを恐れています。

一方で、自責的な人が、どうして失敗を気にせずにリスクを引き受けられるかというと、学校や職場以外でもほかに自分を相手にしてくれる世界をたくさん持っているからです。

仕事上の失敗があっても、家へ帰れば、家族がいて、「お父さん」「お母さん」としての役割が待っています。あるいは、自責的な人は周りから慕われるから、友人や恋人にも恵まれていて、そこにも承認の場はあるでしょう。自分自身の自我のリスク分散をしているわけです。

だから、自責的な人は、1回、2回、失敗したって、平気です。「じゃんけん、じゃんけん、またじゃんけん」と結果にとらわれず、次々、トライをしていくことができます。そういう思考の持ち主であれば、何度でもリスクをとったトライができるので、そこからさまざまなことを学べます。だから自責の人は成功しやすいのです。

他責的な人は単一世界にしか生きていないので、失敗のコストが大変高く、失敗することを恐れて、挑戦することができません。そして、経験知がないので、変に一念発起して大勝負に出たときに、より大きな失敗をすることが多く、ますます失敗することに懲りてしまうのです。

プロローグで、「強い人はミスをしない人である」と言いました。正確には、「小さなミスをしながら、ミスしない技術を学んだ結果、大きなミスをしない人」なのです。

他責の人は、そこをはき違えているのです。本当は、じゃんけんする能力すらないということに向きあって、そこを何とかすべきなのに、政治家や、身近なメディアに出ている有名人をおとしめたり、気に入らない同僚の批判をしたりすることで、漫然と日々を過ごしてしまいます。そして対応能力・遂行能力を磨こうという意識が欠如することで、現実を自分の力で変えることができず、ますます現状に不満がたまり、不幸になっていくという悪循環です。

テレビに出ている有名人が気に食わなければスイッチを切ればいいし、リアルに気に食わない人がいれば、心の中で妬みや嫉《そね》みを解放しなくてはいけない。しかし、そういう人たちは、批判を繰り返すことで、心の安定を保とうとします。その結果、いつまでも他責が続き、不幸のままなのです。

他責的な人は、失敗して自分の限界を見つめ直す、という作業がこわいのです。自分の本当の姿はわざと見ないようにしている一方、周りを批判したり、自責的な人につけ込んだりすることで、なんとなく、「ちっちゃいワールド」のなかで王様気分になっているのです。

◆他責的な人にとって、周りは「奴隷」

そして世界の中心に自分が座っていると思い込んでいる他責的な人にとって、周囲は、自分の役に立ってくれさえすればよい、「どうでもよい存在」でしかありません。

対人関係を持とうとするのは、自分にかわって現実のトラブルを処理してくれる「奴隷」か、もしくは、自分のプライドを満たしてくれる「ファン」の2種類だけです。そして、相手が「奴隷」や「ファン」の役割を停止すると、他責の人は、容赦なく関係を切り捨てます。

一般的にいうモラハラ夫、パワハラ上司の類です。倉田真由美さんの『だめんず・うぉ

〜か〜』（扶桑社）という漫画に登場する「おれ様系」な男たちも典型例でしょう。

モラハラやパワハラを行う人は自分のプライドを守るためならば、手段を選ばず、つけ込み、また復讐《ふくしゅう》を仕掛けてくる傾向があります。したがって、不運にも、周りにそういう人がいたら、たとえ親族であっても、距離を置いて自衛するのが得策です。ビジネスなどでもなるべく避けたほうがいいのですが、どうしても他責的な人とつきあわざるをえない局面では、自己愛の強さをくすぐって、上手に「操縦」することも必要かもしれません。しかしこれは、かなり高等なテクニックです。

以前は私も、重症な他責の人の資質に気づくことが難しかったのですが、このフレームワークを意識するようになってから、だんだん、パターンがわかってきました。次にあげたような傾向が、半分以上当てはまるような人には注意をしてつきあったほうがよいでしょう。

□　小さなミスを指摘しただけでも、ムキになって怒る
□　飛行機の予約をとるなどの事務的なことが苦手

- □書類整理が嫌い
- □やたらに批評家ぶる
- □断言、断定が多い
- □自分の仕事の重要性を強調したがる
- □家族、学歴、職歴などの自慢が多い
- □際限なく愛情を求めてくる
- □現実とかけ離れた理想や目標を語るが、実践がない
- □自分のすばらしさを理解してくれる人は周りにいないと思っている

また、人間関係は相互作用なので、状況によっては、自分の心の持ちようで、間違ったフィードバックを相手にあたえ、他責的な状態に相手を追い込んでしまう可能性もあります。そうしたときにも、このリストを使って、関係性の改善を試みることができるでしょう。

◆客観視の重要性と落とし穴

もちろん、自分自身が他責的な傾向に陥ることもあるわけですから、自分を客観視するためにもこのチェックリストは使えます。

自尊感情を他人から満たしてもらおうという気持ちが出てきたら、危険信号だと私自身も自分を戒めていますし、どんなときに他責的な自分が顔を出してくるかをモニターするようにしています。たとえば私は、自分が夢中になってやっている作業を中断せざるを得ない状況になったり、自分の価値観に沿わないことをしなければならない場面では、大変、大変、他責的になると知っています。そういうときには、とりあえず、いったん活動を停止するようにしています。

一方、自分を客観視することが大事、と強調しましたが、フィードバックを受ける相手を間違えて、このような過度に他責的なタイプの人の言葉を信じ込む危険性についても触れておく必要があるでしょう。典型的にはパワハラ上司につぶされるというパターンです。

断言・断定が多いタイプの人に、何か非難をされたときには、必ず、あと二、三人にセカンドオピニオンを聞いて、本当に自分が悪いのかを考えたほうがいいと思います。他責的な人が偏見に満ちたフィードバックを与えている可能性を排除するためです。声の大きい人の意見にウエートを置いてしまう自分の傾向には、気をつけたほうがよいのです。

彼らはあまりにも自信満々に言うので、つい信用してしまうかもしれませんが何の根拠もないことが多いのです。いや、それ以前に自分の欠点を見ないようにしている人たちの都合のいい理屈なのです。

したがって、人からのフィードバックを受けることはおすすめしたいのですが、あまりにオープンにしすぎて、だれの意見でも構わず、吸収してしまうと、それはそれでトラップが待っています。どの人の意見はとりいれ、どの人の意見は参考程度かと見分ける能力が重要です。

◆権威にだまされない

自責的な人はきわめて常識的な人が多いので、逆に、他責的な人が何の根拠もなしに他人を攻撃しているのを見て、ここまで言うからには、よほど何かこの人はすごいのではないか、と勘違いしてしまうことがあります。

声の大きさに加えて、さらに学歴や社会的な地位といった舞台装置や衣装がくっついてくると、ますます惑わされがちです。

たとえば、官僚は「官僚である」という社会的地位のお陰で権威があるのですが、それが必ずしも社会的成熟や、自責につながっているわけではありません。東大卒の官僚が作った政策でも、国民が苦しむという結果が出れば、それは間違った政策なのです。「官僚である」からという理由だけで、私たちが彼らの言動を肯定する必要はないわけで、「結果を出して、なんぼ」という当たり前のところに立ち返って、彼らがどんな結果を出しているのかを見ていくべきです。私はこのことが常々、日本の政治に欠けている点だと考えています。どれだけの成果を出したのかという行政評価を行い、政治家も、官僚も、あるいは国民側も、もっとアカウンタビリティーを明確にしなければならないのです。

権威主義的社会を変えていくことも、周りにいる声の大きな人に負けない、ということから始まるのです。

◆「であること」と「すること」の区別が身を守る

自責と他責の延長でお話をしますと、派遣切りにあった人たちに向かって、「全部お前のせいだ」と自己責任論を振りかざしてくる人たちも、自分の弱みを隠すために声を張り上げていると考えることができます。

この部分は、政治哲学者の丸山眞男氏が言っている「であること」と「すること」の区別を持ち出すと、はっきりします。確か、高校の教科書にも載っていたかと思うのですが、『日本の思想』(岩波書店)という本に収録されている『「である」ことと「する」こと』という論考です。

「武士は行住坐臥《ぎようじゆうざが》つねに武士であり、またあらねばならない。しかし会社の課長はそうではない」と丸山氏は言いました。会社の課長は、課長「である」から偉いのではなく、課長としての業務を「する」から偉いのです。逆に言えば、ある人が課長として仕事に失敗したからといって、その人の人格（「である」部分）まで否定することは問題です。

経済政策が失敗したことによって、若者がリスクをとれない社会になってしまったにもかかわらず、政策の失敗（「する」こと）を棚に上げて、「日本人の性質が変わったから」「若者が草食化したから」といった「である」に理由を求めるのもこれとまったく同じきわめて間違った考え方です。その挙句、自己責任論をふりかざすのは、まさに他責的な人のやり口そのものです。すなわち、自分が何をすればいいのかを考えるべきであって、それ以外の「であること」を理由に、他人を責めてはいけないのです。

そして私たちができることも、「する」ことだけなのですから、「であること」と「すること」の明確な区分をもうけて、自分の行動規範に生かさなければなりません。行動が伴わない限り、責任を引き受けているとは言えないからです。

ここまで、他責・自責というフレームワークを使いながら、個人の幸・不幸と社会の構造について、さまざまな角度から、個人と社会とリスクの関係を説明してきましたが、その両者がどれだけつながっているか、というだけでなく、個人が強くなっていくことで、社会を変えていくという可能性もぜひ、理解をしてください。

ある意味、社会、という実態は、個人の集合体にしかすぎません。そして、個人が変わらない限り、社会は変わりません。社会が悪い、というのは、その構成員である自分が悪いことに他なりません。そこに気づかない限り、結局いつまでも他責的なのです。そして、他責はリスクのコントロール権を失い、失敗につながり、不幸につながる、そのことを強く、強く、思い出し、「である」を言いわけにせずに、「する」人になってください。

以下、それではどうやったら川を渡ることができるのか、具体的な指針を7つの法則に分けて示していきましょう。

個別理論編

あなたの幸せと不幸を分けるのは、たった7つの法則です

ここからは、個別理論です。すべて通しで読んでもいいですし、特に思い当たるところだけ読んでいただいても結構です。

参考文献もあげていますので、より深く読み込みたい方はぜひ、そちらもあわせて読んでみてください。

第1章　有責の法則

責任をとらない人は、自ら不幸を作る人です

◆幸福な人、不幸な人を分ける法則的な違い

自分の人生はコントロールするものである――。

幸福な人たちは、人生は自分でコントロールするべきものであり、他人が管理をしてくれるものではないということが心の底からわかっていて、主体的に自分の人生に責任をとり、リスクの管理を上手にしている、と全体理論編ではお話をしてきました。すなわち、個別理論編でもっとも大事なことが、この「有責の法則」です。幸せな人は、リスクを自分で勇気を出してとって、管理をしている、ということです。そして、人にリスクをなすりつけようとするほど、不幸になります。

この個別理論編から読み始めた人のために少しだけ繰り返しますが、責任を持って人生を遂行していくという気構えのある人（「自責の人」と呼んでいます）は、日々の充実度も高く、周りから信頼され、人生を幸せに生きています。他方、自分の不幸を親・教師・上司あるいは社会のせいにし続ける人（「他責の人」）は、不幸のサイクルから抜けられな

いままです。もっと感覚的にお伝えすると、ジェットコースターに無理やり乗せられ、どこに向かっているのかもわからないまま、恐怖のうちに人生を終えてしまうのが「他責の人」で、自分で道を選択し、速度も快適なものにコントロールし、風景を眺める余裕を楽しみながら、ドライブしているような人生を歩むのが「自責の人」です。

ここから始まる個別理論編は、ある意味、自動車の教則本のようなものです。人生をうまくドライブしている人たちを私が観察し、分析しているうちに見つけたある種、法則的なパターンを抽出して伝えていくものです。

これまでの「幸せ論」の分析を通じて、幸せな人にもっとも強い特徴として共通性があり、かつ最重要だと私が感じているのが、「自分の人生に責任を持っている」という法則です。言い換えれば、人生において、ハンドルを握り、アクセルを踏み、ブレーキをコントロールできるのは自分だけだ、ということを幸福な人たちは実践しているのです。

言葉で言うと非常にシンプルなのですが、しかし実践はなかなか難しいのが、この法則です。たとえば、大企業のなかには、会社にしがみついていれば安心だとばかりに、日々の仕事に熱中している人たちが数えきれないほどいます。仕事をさぼれ、とは言いませんが、与えられた業務だけをこなす日々を積み重ねるのは、自分の人生のハンドルを手放しながら、アクセルを踏み込んでいるようなものです。たとえば、会社の業績悪化の兆候にも気づかず、35歳を過ぎ、いざ転職をしようと思っても、スキルがまったくない社畜に育て上げられ、会社がクラッシュしたときには、自分の人生も終わりだった、という事例はいやというほど聞かされます。反対に、ハンドルを手放さず、上手にキャリア構築をしながら、幸福になっていく人もいます。

不幸な人と幸福な人との最大の違いは人生に責任を持とうとしているかどうかという点だと私は理解していますから、この違いを覚えやすいように「有責の法則」と呼んで、自分自身が、他責的な態度に陥っていないかをモニターするときに使っています。特に次にあげたようなセリフが口に出てきたときには、注意しようと思っています。みなさんも、こんな言葉が口癖のようになっていないか、確認してみてください。

□「私のせいじゃないし」
□「悪いのはあいつだよ」

□「先のことなんて考えても無駄ですから」
□「安定第一だね」
□「しょうがないよね」
□「あきらめたほうがいいんじゃない？」
□「上に言われたので」
□「人生、計画どおりには進まないからね」

◆人生のリスク管理・3つのステップ

さて先ほどの例に戻りますが、「会社の寿命は30年」という当たり前のリスク意識を持っている人であれば、今の会社に自分の持っているリソース（時間、エネルギー、愛情など）すべてを投入することが大変危険なことに気づくでしょう。それは正しい方向性がわからないまま、暴走していることと変わらないのです。そういったリスク管理の意識を人生のプランニングや日々の過ごし方に持ち込むこと、すなわち、人生に責任を持つこととそ、「有責の法則」を意識して生活するための第一歩です。つまり、人生の幸福度はリスクをどの程度、うまく管理できたかに左右されるものなのです。

リスクを分散する仕組みとして開発された株式をどう評価するか、ということを扱う証券アナリストの仕事をしていたころに気づいたのが、金融の世界のリスク管理の方法は、人生の戦略でも実に有効だという点です。当然ですが、株は上下に値動きしますし、人生も浮き沈みの激しいものです。リスクをとらなければリターンは得られない、という意味でも共通しています。そういう観点で、私なりに考えた、リスクの管理の仕方は、このような、3つのステップを繰り返すという手法です。

1．リスクを洗い出す。しかしリスクはゼロにはできないと知る。

2．リスクをとって得られるリターンが、十分かどうか考え、さらに今の自分でとれるリスクかどうかを質と量の両方の観点から考える。

3．リスクの制御の方法を考え、実行中は今、起きている状況のモニターを怠らない。

自分自身がリスクをとる主体だという意識がそもそもないのは論外として、どこにリスクがあるのかを洗い出すのが最初のステップです。

たとえば結婚後のリスクです。婚約期間中の女性は嬉しさで舞い上がってしまいがちで、彼女たちに結婚後のリスクから眼をそらすな、などと言おうものなら非常に嫌がられるでしょう。しかし、結婚相手が後に、DV男に豹変《ひょうへん》する可能性はゼロではありません。結婚前にDV関連の書籍に目を通しておく、経済的な自立の手段を確保しておくことが、リスク管理の視点からは必要になります。また、そういうリスクの洗い出しを人に聞くのではなく、まずは自分でする癖を身につけておきます。

とはいえ、リスクの洗い出しというのは、完璧《かんぺき》にやろうと思うと、なかなかハードルが高いのも事実です。うまくできないからといって放棄せず、無理しない範囲で、「隠れているリスクがないか」と、視点をいろいろと変えながら継続していくのが賢いやり方です。

それと同時に、どんなに頑張っても、個人の努力でリスクをゼロにすることはできない、ということもおさえておくべきでしょう。

たとえば、うそつきと正直者を100%確実に見分けることは不可能です。そこで、うそつきに出会うというリスクをゼロにしようと思えば、家に引きこもるというナンセンスな解決策しかありえません。

本当のリスク管理というのは、「一定の確率で、不誠実な人と出会い、巻き込まれてしまうこともある」ということを理解したうえで、もっとも痛い目に遭ったときのことを想定して「これぐらいだったら我慢できそうだ」「この程度なら自分でも、後で処理できそうだ」とラインを自分で引いておくことです。

そしてリスクをとって得られるリターンが十分なものであるとわかったら、あとは、「他人にリスクを押しつけない。転嫁しない」ということを肝に銘じながら、前進です。

また、前進しながらも、刻々と変わる状況をきちんとモニターし、さらにその状況を自分がどうやって見ているか、観察する自我を働かせてください。何かトラブルが起きたときにあたふたとしないためには、自分がその状況にどう反応しているのか、とメタ的に自分を見ることが、冷静さを取り戻すきっかけになるのです。

◆小さなリスクをとって、チェンジすることを当たり前の感覚に

こうしたリスク・テイクの方法を、まずはローリスクの小さな事柄で始めてみてください。腹をくくれる、ごく小さな範囲でリスクをとる訓練をしながら、リスク管理の方法を身につけ、リスクをとることのできる量をだんだんと増やしていけばよいのです。小さな失敗をしながら、リスクの洗い出しが甘かったのか、あるいはリスクを引き受ける量の見積もりを間違えたのか、と振り返りを重ねていけば、リスク管理のスキルは身についていくものだからです。

そういう訓練をしているうちに「器の大きい人だね」と周りから慕われる、リスク・テイク能力が身についていくのです。つまり、リスクをとった総量が成長の力に比例するのです。

ただ、私の提唱する小さなリスクというのは、あまりに小さなことなので驚かれるかもしれません。たとえば、いつもランチに行く店で、メニューに飽きてきたなと思ったら、

「塩味をしょうゆ味にできますか」などとお願いごとをするような、ささいなことから始めてみるのです。こんなことでも、いざ頼んでみるとなると「変な人と思われるのはいやだ」とためらう気持ちがわいてくるかもしれません。あるいは、「断られると恥ずかしい」と思ってしまうかもしれません。しかし、このような小さな習慣の積み重ねで、自分の周りの環境を自分の力で変えられるということを体の中にしみ込ませるように理解してもらいたいのです。

私の大好きな本で、全世界で1000万部以上売れている名著、『7つの習慣』のスティーブン・R・コヴィーも「影響の輪」という表現で、同じことを言っています。周りに対して何の影響も与えられない、何の変化も作ることができない人は、外から自分にふりかかる影響ばかり気にして、不満をためがちです。私の言っている他責の人がまさにこのパターンです。一方、自分ができること、影響を与えることのできることに注目できる人はストレスも少ないのです。

とにかく、ささいなことでよいので、リスクをとる訓練をぜひ始めてください。それは交渉をする力と言い換えてもいいかもしれません。自分の行動で自分の環境が変わっていくということが当たり前になると、無力感から脱するきっかけになり、さらに積極的に行動できる、好循環が始まっていくのです。

◆「有責の法則」を味方につけるアクション・プラン

では、もっと具体的に「有責の法則」を実践できるようになる具体的な行動を紹介していきます。こちらは難易度別に記載しましたが、多くの資格試験と同様、上の級から始めても、一向にかまいません。あくまで、難易度の目安ということで、理解してください。

▼入門編　小さな約束を徹底的に守る

責任を持つ第一歩は、小さな約束でも、徹底的に守ることです。これは、自分への約束も、周りとの約束も、同様です。とにかく、仕事でも、プライベートでも、小さな約束をきちんと守るという癖をつけましょう。口約束でちょっと人を紹介しますとか、今度遊びにいきますとか、今度食事に行きましょうとか、私たちはたくさん、約束をしてます。ささいなことだから、とそもそも実行しなかったり、あるいは、はっきりと決めたことなのに約束を破ったり、期日を守れなかったりする。こういうことは、実は、遂行能力のなさとリスク管理の甘さが露呈しているわけです。どんなに小さなことでも約束を果たすところから、リスク管理は始まります。

約束を守らないことは気持ちが悪いのです。たとえば、マクドナルドに行くと、ゴミの捨て方が細かく分かれていますが、それは合理性をもって、店が管理コストが安くなるようにきめたことです。これを守らないと、結局、マクドナルドの負担が重くなり、最後は値段に跳ね返りますから、一人一人が小さな約束を守ることで、みんなで幸せになれるわけです。

約束を守る人は、つきあいの管理コストが低いのです。だから、つきあいやすくなり、人も寄って来やすくなり、運も集まりやすくなります。その結果、幸せになる確率が上がるのです。

▼初級編　迷ったときには、リスクの高いほうを選んでみる

まだ私が会社員で、２００６年に独立を考え始めていたころなのですが、その少し前からおつきあいのあった、漫画家の倉田真由美さんと話をしていたとき、「独立をしてうまくいくコツは、リスクをとること。ふだんからも訓練が必要で、たとえば、買い物で、もし迷ったら、リスクの高い服を選ぶとか、そんな感じ」と教えてもらいました。着こなせるかわからない、ちょっと難しい色彩の服を買ったり、味の想像のつかないメニューを頼むという程度の冒険なのですが、このような身近なことが、実は小さなリスクをとる練習になっていきます。そして、こういったことは失敗してもたかがしれていますから、訓練にとてもいいのです。ここまでが初級編です。

▼中級編　日常のなかのリスクを点検し、リターンとの比較をしてみる

また、ふだんから、リスクを点検する癖をつけることも必要です。たとえばスーパーで冷凍餃子を買うときに、内容表示を確かめ、添加物の中身をチェックします。これがリス

ク点検にあたる部分です。冷凍餃子を買うことによって、「時間を大幅に節約できる」「夜中に家族がおなかをすかせたときも対応ができる」など、リターンもあるわけですが、一方、添加物の心配はないか、業者は信頼できるか、賞味期限はいつまでか、なども同時に考え合わせなければなりません。そして、リスクを過度に心配すると、何もかも自分でやらなければならなくなるため、このこともまた、現実的ではありません。瞬時の情報収集とそれに対する判断が、リスク判断のコツになります。このリスクとリターンを自分でどう受け止めるのか、という思考を日ごろから常に働かせておく。これが中級編のアクションです。

▼上級編　顧客接点のある仕事、数字で結果の出る仕事に積極的に参加する

そして、仕事のうえでリスクを管理することが、上級編になります。基本的には、私は職業選択において、なるべく顧客と直接接する部署の仕事を推奨しています。顧客の情報を即座に手に入れられるところに、ぜひ積極的に関わってみてください。会社の看板を背負って顧客に説明したり、あるいはモノを買ってもらうというプロセスは、まさにリス

ク・テイキングの実践の場です。結果が数字で見える仕事も、同様に、リスクについて学ぶ大きなチャンスです。数字は、なかなか言いわけがきかないためです。

一方、社内を相手にした仕事では、対顧客に比べると、責任の所在を曖昧《あいまい》にできる余地が大きいので、リスク管理能力が発達しにくく、成長が難しくなるというハンデがあることを自覚しておいてください。よく、なぜ入社時には優秀だった人が、数年たつうちにリスクをとるような人たちに抜かされるかというと、それは特に顧客に対して直接向きあう立場にあるかないかという違いがあると思っています。語弊を恐れずに言うと、営業職と、たとえば総務・経理のような内勤職では、成長のスピードが倍から3倍くらい、違うこともあり得るでしょう。そして残念ながら、女性のほうが内勤職を選びがちなのも、社会人になったときの成長のスピードの差に関わっていると考えています。

私はこれまで、仕事でさまざまな人たちと接してきましたが、政治家と芸能人の成長の早さ、リスクに対する理解と責任のとり方については、本当に驚嘆すべきものがあると思っています。とにかく、政治家と芸能人の方たちは、自分の名前を看板に、自分でリスクをとる仕事を徹底的に、何年も、何十年もやってきていますから、ある意味、リスクの川を渡りきった人しか、一流の人として生き残っていないからでしょう。顧客接点を強化して逃げ場をなくす、ということは、それくらい大事なことなのです。

▼おまけ　信頼に足る人間であるというシグナルを出す

約束を守るのと同様に、「きちんとした服装をしている」こともとても重要です。きちんとした服装とは、堅苦しい服装とは違います。それぞれの人が何らかの考え方に基づいて、自分なりの価値観で自分を表現した、気持ちのよい清潔感とセンスのある服装のことです。人への気配りも、服装への気配りも、同様です。自分の服装に責任をとることができるということは、他のことにも気配りをできるということになります。そして、周囲はあなたを責任感のある人だという仮説に基づいて扱います。

このような仕組みは、相手にシグナルを出していることから、「シグナリング」と呼ばれます。そして、このようなシグナリングは逆に自己暗示としても利用可能です。つまり、周囲があなたに期待しているのを感じると、あなた自身の側でも信頼を裏切る行為をしにくくなるのです。

実際、もし機会があったら、ホテルのラウンジなどに、ちょっと汚れ目の服装と、ぱりっとした服装の両方で立ち寄って、比較をしてみてください。まったく扱いが違うのにびっくりするはずです。前者だと、隅の方にぞんざいに通されます。後者だと、中央部に案内されます。

リスクをとるためには、一人でも多くの人を味方につける必要がありますが、そのためには、自分に自信をつけて、リスクをとっても大丈夫だということを自覚しないと、意外とリスクはとれないものです。

ある意味、リスクをとれるということは、それを許されるだけ幸せなことです。ぜひ、その幸せを噛《か》みしめながら、果敢にリスクにチャレンジしてみてください。それが「有責の法則」です。

【おすすめ参考文献】

・ピーター・バーンスタイン著『リスク―神々への反逆』
見えない未来の怖さ、つまりリスクを人間がどのように管理してきたか、ということを歴史的にたどった本です。当然、リスクをまずは計量する、というところからスタートするわけですが、不確実な未来に対して、振り回されるだけではなく、自分が主となって考えていこうという気構えに触れてほしいと思います。

・ナシーム・ニコラス・タレブ著『まぐれ―投資家はなぜ、運を実力と勘違いするのか』
ちょっと難しいかもしれないですが、リスクについてとことん向き合いたい人は、面白いと思ってくれるはずです。人間は実は、確率的な考え方が苦手な生き物であるということがよくわかります。

・勝間和代著『会社に人生を預けるな―リスク・リテラシーを磨く』
リスクとリターンの関係について、日本人の手によるものがほとんどなかったので、書きました。リスクに対する感覚が鈍りがちな日常を送っている人はぜひ手にとってみてください。

第2章　双曲の法則

目の前の利益にとらわれると、自ら不幸を招きます

◆三日坊主は人生全体を不幸にする

2つ目の法則は「双曲の法則」です。「双曲」という耳慣れない言葉ですが、これは「双曲割引」という私たちの感性の癖を示す言葉から来ています。この法則の内容は「将来の利益のため、目先の快楽を我慢できるかどうかが、長期の幸福と不幸を分ける」というものです。すなわち、我慢強い人が幸せだ、という考え方です。

自分が立てた中長期的な目標に対して、三日坊主に終わった経験のある人は少なくないと思います。英会話、資格取得の学習、トレーニングジム、禁煙など、新しい目標を掲げたときは「必ず続けよう！」と固く決意するのに、挫折してしまう理由の大半は、目先の欲や快楽を優先してしまうからです。ダイエットで言えば、1ヵ月後に3キロ痩《や》せてきれいになっているという目標より、今すぐここにあるドーナツやケーキを食べたい、ビールを飲みたい、という欲求のほうを優先させてしまうのです。しかし、これは自然なことで、もともと人間の欲望はそのように、短期的な利益を優先するよう、できているのです。前半で幸福になるためには成熟が必要と書きましたが、さまざまな経験のなかで、短期的な我慢が中長期的な幸せにつながるということを理解すればするほど、この短期的な欲求を我慢し、長期的な欲求に転化できるという能力が高まります。つまり、これは訓練次第なのです。

ところが、その訓練を怠り、長期目標の実現に挫折すると、当の目標を実現できなかったというマイナス以外にも、次のように、人生全体にネガティブ効果を及ぼしていきます。

- 挫折したことで、物事に取り組む自信を失ってしまう。
- あきらめることが常態化して、目標を定めない生き方が当たり前になってしまう。
- 仕事でもプライベートでも、納期や約束が守れず、相手から「自己マネジメントのできない人間」と評価されてしまう。

逆に、我慢強い人は、

- 新たな能力やスキルを身につけ、クオリティの高い仕事をこなせる。
- 目標達成の経験を積み重ねることで、物事に取り組む自信がますます強まる。
- 人生を通じた目標に対しても、果敢にチャレンジすることができる。

という具合に、ポジティブな効果をどんどん、人生に波及させていきます。

私自身、32歳まではタバコを一日一箱吸い、お酒を大量に飲むような、短期的な利益を優先させる生活を送っていました。そのときの私は、マッキンゼーでプロジェクトマネジャーをしていて、死にそうなほど忙しかった。忙しさのストレス解消として、目先のタバコやお酒に逃げていたのだと思います。しかし目先の快楽への逃避は、決して根本的な解決をもたらしてはくれませんでした。結果的に激太りして、健康を害し、仕事にも行き詰まってしまいました。精神的にも非常につらい思いをして、最終的に禁酒や禁煙を真剣に考えざるを得なくなったのです。

実際、私は禁煙、禁酒をして大きく変わりました。健康な生活を手に入れただけでなく、お酒を飲むのに費やしていた時間を取り戻すことができました。さらに、不思議なことに、タバコをやめると、自分の我慢できる時間のリーチが伸びていく。目先の快楽や誘惑を我慢するコストが、どんどん減っていったのです。そして、物事を中長期的に捉えることができるようになるという習慣がついてきました。

禁煙や禁酒は単に健康のためにいいだけでなく、時間の使い方、目標到達力など、人生全般を幸福にする効果があるのです。実際、大阪大学の『なぜあなたは不幸なのか』の調査でも、喫煙してる人は男女ともに、統計的有意に不幸なのです。

◆意志の強弱は双曲割引率の違い

我慢強さが社会的成功と結びつくことを検証した「マシュマロ実験」という研究をご存じでしょうか。1960年代にアメリカのスタンフォード大学で心理学者によって行われた実験ですが、まず4歳の子どもの前にマシュマロを置きます。そして子どもには「15分間食べるのを我慢したら、もう1つマシュマロをあげる」と言って、そのまま15分間マシュマロを置き続けます。そこで我慢をした子どもだけ、もらえるマシュマロが増えるのです。10年後、子どもたちの追跡調査をしてみると、この実験で、マシュマロを食べるのを我慢できた子どもは、すぐに食べてしまった子どもよりも、学校の成績も良く、友だちづきあいも上手で、ストレスの管理もうまかったという報告が出ています。

この実験結果を見るまでもなく、我慢強さが成功に結びつきやすいことは、誰でも気づいていると思います。そして、そもそも、新しい目標や行動計画を立てること自体、当初は我慢を続けて目標を達成するのが望ましいと思っているからにほかなりません。

それなのに、計画どおりに続けられないのはなぜでしょうか。はたして「意志が弱いから」でしょうか。そうではありません。意志なんてみんな弱いのです。

このことを「双曲割引」というフレームワークを使って説明してみたいと思います。

双曲割引とは、簡単に言えば、目先の満足度に比べて、将来の満足度は極端に軽く見えてしまうということです。要するに、同じケーキを比べても、将来のケーキの価値は現在のケーキの価値よりも格段に「割引（ディスカウント）」されてしまうのです。

たとえば、次のページのグラフを見てください。グラフはL字のカーブを描いていますね。このカーブのことを双曲線と言います。

さて、3ヵ月後にケーキを食べる魅力と3ヵ月後と1日後に食べる魅力は大して違いがありません。しかし、今すぐケーキを食べる魅力と明日ケーキを食べる魅力を比べると、（ケーキが嫌いな人をのぞけば）だんぜん今のケーキのほうが魅力的です。

試験前についゲームをして遊んでしまうのも、試験後のゲームより目前のゲームのほう

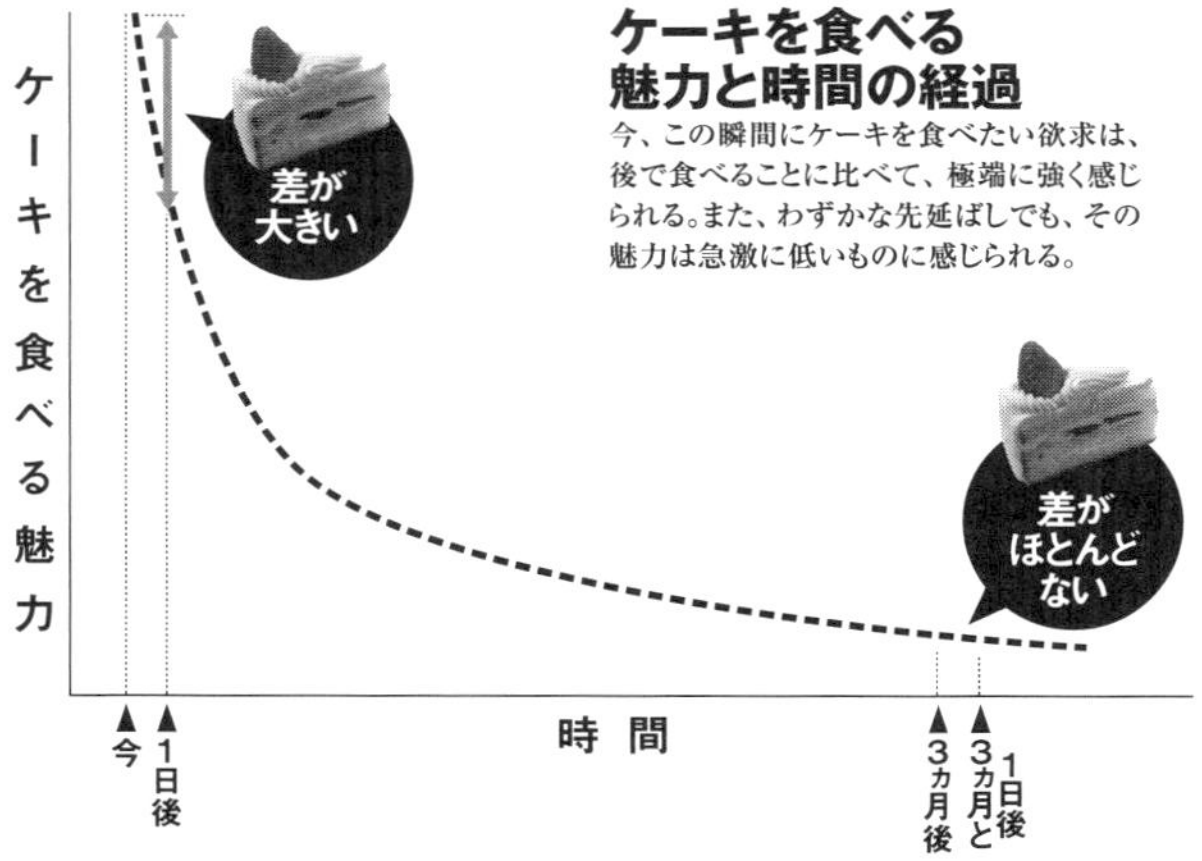

今、この瞬間にケーキを食べたい欲求は、後で食べることに比べて、極端に強く感じられる。また、わずかな先延ばしでも、その魅力は急激に低いものに感じられる。

が魅力的に見えてしまうからです。

双曲割引の専門的な解説や学問的な意義は、ジョージ・エインズリー著の『誘惑される意志―人はなぜ自滅的行動をするのか』(NTT出版)を参照いただきたいのですが、ここで大事なことは、双曲割引という考え方は、私たちが誘惑に負けるメカニズムを見事に説明していることです。将来の大きな報酬や成功よりも、目先の小さな快がすごく魅力的に見えるので、望ましくない選択をしてしまうのです。

とはいえ、人によって「割引率＝誘惑に対する負けやすさ」は異なります。我慢強い人もいれば、目先の利益に飛びついてしまう人もいます。ですから、一般的に「意志の強い人」と「意志の弱い人」と言われている人の違いは、将来の価値に対する割引率の違いだと考えることができます。

次のような言葉を常日ごろ、使っているようでしたら、目先の欲や快に惑わされることが多いと反省してみてください。

□「今日は特別だから、まあ、いいか」
□「一日ぐらい○○したって、仕方ない」
□「今を楽しまなくちゃ」
□「我慢できない性格だから」
□「今日の分は、明日取り返せばいいや」

◆割引率を下げればタバコはやめられる

少々、説明が長くなってしまいましたが、目標を実行できない人の原因が、将来の見返りを不当にディスカウントしてしまうことにあるところまで突きとめました。

「意志の弱さを言い換えただけじゃないか」と思われるかもしれませんが、そうではありません。意志の弱さを「将来の見返りに対する割引率の高さ」と考えることで、克服や対策の筋道はハッキリするのです。

つまり、目標を実行できるようにするには、割引率を下げて、将来の価値を現在の価値と同じ重みで考えるようにすればいいわけです。

タバコを例にとって、具体的に考えてみましょう。

タバコは1本吸うごとに寿命を5分30秒縮ませるという英国王立内科医学会からの有名な指摘があります。ほかにも、厚生労働省の調査によれば、タバコを吸う人は吸わない人よりも30％自殺リスクが高かったという結果が出ています。

これほどリスクがあるのに禁煙ができないのは、現在の1本と将来の健康とを秤《はかり》にかけたときに、現在の1本のほうに傾いてしまうからです。

だから、現在と将来の秤の傾きをまずは平らにすることが必要です。そのためには、将来どうなるかを具体的にイメージして、将来に対する割引率を減少させなければなりません。たとえば医学書などで肺疾患の症状を調べたり、画像で喫煙者の肺を見たり、実際に肺疾患で入院している知り合いの患者の方の話を聞いたりすれば、20年後の自分と現在の自分を同じ基準で比較できるようになります。その結果、タバコを吸わずに健康でいられる自分のほうを選びとり、禁煙を実行しやすくなるのです。

◆10分、10ヵ月、10年スパンで考える

「長期的視野に立って物事を考えなさい」と言葉でいうのは簡単です。でも「双曲の法則」として説明したように、人は放っておけば目先の誘惑に飛びついてしまう。我慢ができない性格のまま成長してしまった人はなおさらです。

それを直すためには、つねに中長期の視点を持つようにならなければなりません。そのための簡便なフレームワークとして「10-10-10」(テン・テン・テン)を紹介しましょう。

そのまま題名となっている『10-10-10』(スージー・ウェルチ著、講談社)という本に書かれていることは、単純に言えば、ある選択肢について、10分後、10ヵ月後、10年後の

自分を想像して、それを比較検討する、ということです。この10分、10ヵ月、10年というのは象徴的な意味ですよ。つまり短期、中期、長期の未来を考えるわけです。

喫煙や飲酒は、10分後はすごく満足度が高くなる。タバコを吸うことでイライラがなくなるし、お酒を飲んで高揚した気分になれる。でも10ヵ月後にまでその満足感は続きません。そして10年後には、深刻な健康問題を抱えてしまうかもしれないのです。

この本のなかには、会社を辞めるかどうか、つきあっている相手と結婚するかどうかなど、人生のあらゆる問題について「10‐10‐10」で検討する事例がたくさん紹介されています。

私自身も「どうしよう？」と迷ったら、すかさず「10‐10‐10」と唱えて、中長期の自分を思い描くようにしています。その結果、最初の10分は何でも我慢できるようになったと思います。でも、10年目標のために10ヵ月を我慢するというマインドはまだ出来上がっているとは言えません。それでも思い描く努力はしています。

この「10‐10‐10」は人間関係を考えるためにも有効です。この人とつきあっていたら、10ヵ月後はとてもじゃないけどまともな人間関係を保てないとか、10年後は絶縁しているに違いないとか。相手と自分の関係を考えて、時間軸をのばして考えることで、現在とは違った展望が得られるようになるのです。

◆自分を客観的に見ることの重要性

「10-10-10」の大きな効用は、自分を客観的な視点から見ることができるようになることです。つまり、「10分後の自分」「10ヵ月後の自分」「10年後の自分」の三者を俯瞰《ふかん》的に見るメタレベルの観察視点を確保できることになります。

「双曲の法則」が教えてくれることは、「人間は目先の自分を可愛がってしまう」ということです。だから、メタレベルの自分を設定することで、目先の自分と将来の自分を等価に考える癖をつけること。それが我慢強さを養うためには不可欠なのです。

そのためには、タバコの例で見たように、未来を具体的にイメージする知識や教養を身につける必要があります。本を読んだり映画を観ることで知識や教養を身につけることは、未来に対してクリアな想像力を養うことに貢献するのです。たくさん映画を観て、いろいろな登場人物の人生を疑似体験すると、我慢と幸福の因果関係が理解できるようになりますよね。「ここで我慢したから、この人は幸せな人生を送ることができたんだ」というのが学習です。

たとえば目の前に2つの画面があって、短期の未来の自分はクリアな映像で映し出されるのに、長期の未来の自分はノイズがたくさん入ってしまって、何が映し出されているのかハッキリわからない。だからクリアなほうを選んでしまうわけですよね。

知識や教養は、長期的未来の画面をクリアにすることだと思ってください。タバコを吸って、ストレス解消している10分後の自分と同じ解像度で、ガンを患っている自分が画面に映し出されるようになれば、おそらく多くの人がタバコをやめることができるはずです。

◆ＫＰＩを定めて、目標達成を「仕組み化」する

ここまで私は、話をわかりやすくするために「我慢」という言葉を使ってきました。

でも、本当は「我慢」という言葉は適切でないかもしれません。「双曲の法則」を味方

につけるための最大のコツは、我慢をせずに、中長期的な課題に向かって無理なく続く仕組みを作り、行動を継続していくことだからです。

そのためには、「10-10-10」などで未来を具体的に考える癖をつけると同時に、目標を実現できる「仕組み」を生活のなかにどんどん取り入れるようにしましょう。

私がオススメしたいのは、目標達成度をはかる指標を定めることです。ビジネスマネージメントの世界で、KPI（Key Performance Indicator）と呼んでいるものです。

ここではダイエットを例にKPIを説明してみます。ダイエットという目標を実現するために、「摂取カロリーを減らす」か「消費カロリーを増やすか」という2つの指標があります。これがKPIにあたります。

では、この2つのKPIをもとに、どのような具体的行動計画を立てるとよいでしょうか。これを4ステップで説明します。

【ステップ1】

「摂取カロリーを減らす」と「消費カロリーを増やす」の2つに、プラスになる「よい習慣」とマイナスになる「悪い習慣」の例を出してみましょう。

●「カロリー摂取量を減らす」ための
よい習慣：1回の食事の量を減らす
悪い習慣：つい、スイーツのお取り寄せをして食べてしまう

●「カロリー消費量を増やす」ための
よい習慣：30分ウォーキングをする
悪い習慣：急いでもいないのにタクシーに乗ってしまう

ダイエット経験があってもなくても、ここまでは想像できますね。

ここで、多くの人が陥りやすい点があります。それは、「ダイエットするなら、食事の量を減らそう、毎日歩くぞ！」と「意志の力」でどうにかしようと考えてしまうことです。

でも、意志の力だけで継続させるのが難しいことは、ダイエット経験者ならよくわかると

思います。その場合は、次のようにします。

KPIにプラスになる「よい習慣を続ける仕組み」と「悪い習慣を遠ざける仕組み」を導入します。

【ステップ2】

たとえば、「30分ウォーキングをする」というよい習慣を続ける仕組みは、「いいウォーキングシューズを買って、ウォーキングしたくなる状況を作る」ですし、「1回の食事の量を減らす」というよい習慣を続ける仕組みは、「食器を小さくする」などです。

また、「急いでもいないのにタクシーに乗ってしまう」という悪い習慣を遠ざける仕組みは、「タクシーに乗るお金を財布に入れておかない」ですし、「つい、スイーツのお取り寄せをしてしまう」という悪い習慣を遠ざける仕組みは、「お取り寄せサイトに行かない」「お取り寄せサイトをお気に入りから削除してしまう」などです。

このように、目標を決めたら「頑張る」ではなくて、行動を「仕組み化」してしまうことが目標達成のポイントです。

しかし、仕組み化して行動していても、なかなか習慣化できないものがあります。たとえば、よい習慣である「30分ウォーキングをする」なら、「モチベーションが下がって、ウォーキングする回数が減った」などです。その場合の対策は次の通りです。

【ステップ3】

新たな仕組みを導入します。

モチベーションアップのために「周りの人にウォーキングしていることを宣言する」「ウォーキングの仲間を増やす」「歩数計をつけて、どのくらい歩いたかを記録する」など、新たな仕組みを導入しましょう。

また、お取り寄せサイトに行くという悪い習慣が排除できない場合は、「お取り寄せサイトのメールマガジンの配信を中止する」という新たな仕組みを取り入れます。

【ステップ4】

四半期最後の日に評価をします。目標のページにＡＢＣや点数などで評価を書き込みましょう。それを元に、次の四半期の具体的行動計画を立てます。

以上をまとめると、目標の達成度に直接影響するKPIが決まったら、次の4ステップで、目標を管理していくことが大切になります。

1．そのKPIにプラスになる「よい習慣」、マイナスになる「悪い習慣」を決める。
2．「よい習慣を続ける仕組み」、「悪い習慣を遠ざける仕組み」を導入する。
3．進捗の悪い仕組みは見直して、新たな仕組みを取り入れる。
4．四半期が終了したら達成度を評価する。達成度に応じて、次の四半期の目標に変わりがないか確認し、次の四半期の具体的行動計画を立てる。

◆「双曲の法則」を味方につけるアクション・プラン

さあ、これで「双曲の法則」を活用するツールは十分に揃《そろ》いました。後は、実行あるのみですが、最後に比較的簡単にできるアクション例をまとめておきましょう。

▼コツコツ型のスポーツを生活に取り入れる

私自身も目下水泳にチャレンジ中ですが、ウォーキング、ジョギング、水泳などは継続することが大きな成果に結びついていきます。単調な課題を積み上げて大きな達成感を得る。そのことが我慢強い自分を作っていく近道です。

村上春樹さんがマラソンを続けていることはよく知られていますが、村上さんがコツコツとすばらしい長編小説を生み出していくエネルギーの源泉には、毎日欠かさずランニングを続けていることが大きく関係があり、村上さんは『走ることについて語るときに僕の語ること』（文藝春秋）という著書のなかで、走ることで小説を生むことができると明言されています。

▼依存性のある行動を遠ざける

お酒やタバコ、ギャンブル、ゲーム、ネット・サーフィンやメールなど、依存性の高い行動は、あなたの時間をどんどん奪っていく「時間泥棒」であり、目標達成を阻む元凶です。とくにお酒、タバコとギャンブルは、一度、アディクト（中毒）の状態になってしまうと、抜け出すことは容易ではありません。こうした依存行動を退治するためには、原因そのものを遠ざける仕組みやルールを導入することです。

私の場合、お酒は睡眠薬代わりでしたが、医師に勧められて足湯をすることで、お酒は必要なくなり禁酒をすることができました。依存性の高い行動を避ける技術については、私の著書『無理なく続けられる年収10倍アップ時間投資法』（ディスカヴァー・トゥエンティワン）でも詳しく書きましたので、こちらも参照してください。

【おすすめ参考文献】

・ジョージ・エインズリー著『誘惑される意志―人はなぜ自滅的行動をするのか』
双曲割引を学問的に学びたい人にオススメです。目標実現のための方法論についても示唆に富む指摘を数多く発見できます。

・リチャード・ワイズマン著『その科学が成功を決める』

ちまたで言われる自己啓発の効果を科学的に検証した本です。マシュマロ理論も本書のなかで触れられています。

・スージー・ウェルチ著『10《テン》-10《テン》-10《テン》——人生に迷ったら、3つのスパンで決めなさい！』

本文でも取り上げましたが、「10-10-10」で考える事例をもっと知りたいという方は、本書に当たってみてください。

第3章　分散の法則

幸せは一つのカゴに盛ってはいけません

◆人生の不確実なリスクを分散投資でコントロールする

一つ前に紹介した「双曲の法則」では、目先の快を我慢して、中長期の目標を達成することの重要性を話しました。実はこの双曲割引は、金融投資の基本、「目先の利益獲得だけでなく、長期投資による複利で確実なリターンを」という考え方を人生に応用したものです。

そして、金融投資にはもう一つ「リスクを分散して投資せよ」という鉄則があります。資産を現金だけ、定期預金だけ、国内株だけで持つのではなく、リスク特性の違う金融商品、具体的には、円貨と外貨、株と債券と商品、あるいはそういったものをポートフォリオにした投資信託とさまざまなものに分散して投資することが、リスクをコントロールする最良の手法だと投資の世界で学術的な証明があります。なぜなら、相場の浮き沈み自体を私たちがコントロールすることはできず、浮き沈みの波で一度にすべてを失わないよう、投資する先を分散して対応することで、同じリスクをとったとしても、そのリターンをより上げることができるからです。実際、私は2008年から2010年まで、「日経マネー」が主催する、5000人〜1万人の個人投資家対象のアンケート調査で、どういうタイプの投資家がよい成績を上げているかということを分析していますが、毎年、毎年、必ず出てくるのは、この「分散投資をしていること」です。これで論文を書こうかと思ったのですが、博士課程の教授からは、「金融理論どおりすぎて、論文にならないよ」と言われたくらいです。

分散して投資せよ、という金融のこのリスク管理の方法は、人生の戦略に応用可能です。なぜなら、さまざまな幸せ、たとえば、会社や家庭、地域や友人、あるいは趣味などとの関係性に基づく幸せも、すべての外部環境をコントロールできない以上、リスク・リターン特性が異なるからです。「自分のエネルギーや時間を過度に一点集中せず、さまざまなものに分散して投資したほうが、リスクに強く、確実なリターンを得ることができる」という「分散の法則」です。

将来が不確実である点で、金融と現実はよく似ていますから、分散の視点は重要だと考えます。私は2007年から、内閣府の男女共同参画局の「仕事と生活の調和（ワーク・

ライフ・バランス）に関する専門調査会」の専門委員を務めていますが、ここで研究していることも、いかにワーク・ライフ・バランスの視点を日本の一般的な概念として浸透させ、そのことで一人一人により幸せを感じてもらうかということを目的としています。なぜなら、男女共同参画も、少子高齢化対策も、結局、日本人全体に浸透する「労働一神教」が背景にあるためです。

実際、長く安定的に幸せな日々を過ごしている人を観察していると、「分散の法則」、すなわち、過度に何かにしがみつかず、自分の人生をバランスよく過ごしていることがよくわかります。恋人との別れから仕事上のトラブルまで、さまざまなリスクが人生には遍在していますが、幸せな人は、何かを失っても、また立ち上がれるような仕組みを人生のなかに埋め込んでいるのです。

◆一極集中型の生き方はリスクに弱い

逆にこの分散の法則に反した一極集中型の人の人生は正直、とても脆《もろ》いものです。香山リカさんのベストセラー、『しがみつかない生き方―「ふつうの幸せ」を手に入れる10のルール』（幻冬舎）でも、恋人、子ども、仕事、あるいは勝間にしがみつかない生き方を提唱し、多くの人の共感を集めました。逆にそれだけ、ついつい、何かにしがみついてしまう生き方にとらわれてしまう人が多いということの表れかもしれません。

たとえば、仕事が好きで、長時間労働で1日の大半の時間を会社のために使っている人は、そのときだけを取り出して見れば、やりがいに満ちた幸せな日々を過ごしていると言えるでしょう。しかし、会社の業績悪化や自身のリストラなどのリスクは常に人生に隠れています。そんなとき、支えてくれる家族、友人、恋人などがいない、はたして、仕事だけの人生を続けていて、将来にわたって幸せというリターンを得られるか、という点では大いに疑問です。

実際、ホームレスの支援をしている友人から、ホームレスになる人には男性が多いということ、そして仕事でリストラなどをされたときに、家族や友人の支えがない場合、ホームレスという境遇に陥りがちだということを聞いています。また、『今日、ホームレスになった―15人のサラリーマン転落人生』（増田明利著、彩図社）というドキュメンタリーでは、同じく、早期退職を迫られた後に再就職困難となり、家族と別れホームレスになった多くのサラリーマンの男性の姿が描かれています。大変、厳しく、悲しい現実です。

あるいは、夫の世話と子育てだけにエネルギーを注ぎ込んできた専業主婦が、不実な夫を原因とした離婚に直面すると、精神的にも経済的にも厳しい境遇に追い込まれます。友人で漫画家の西原理恵子さんは、常々、「女性が幸せになろうと思ったら、専業主婦にならないこと」と断言されています。生活を構成する要素のなかで、どれか一部だけにエネルギーや時間を注いでしまうと、そこにリスクが生じたときに、生活を立て直す手段を失ってしまうのです。

こうした不確実なリスクと上手につきあうためには、自分のエネルギーや時間を意識的に分散して、「投資」していく必要があります。仕事、家族、友人関係、趣味、社会貢献など、多様な要素で人生を支える術を確保し、生きがいを得ていくほうが、そのうちの何か一つにリスクが生じた場合に補塡《ほてん》がききやすいのです。もちろん、分散しすぎるとリターンも失われるのではないかという不安もあるでしょう。しかし、たとえば1日に仕事に8時間使う生活と、16時間使う生活で、はたして、2倍の効用が仕事から得られるでしょうか？　あるいは、ほかの幸せはどのくらい減価されてしまうのでしょうか？　すべてが中途半端ではいけませんが、それぞれ、これ以上投資をしても、限界効用が小さくなるポイントがあります。そこを見極めて、適切な時間と意欲をそれぞれの分野に注ぐようにするのです。

しかし、一極集中的な生活、特に仕事中心の生活を続けてきた人は、今まで人生の潜在的リスクから目をそらし、放置してきた傾向があり、さらに忙しさで自己正当化を図る癖も強いのです。なぜこう言い切れるかというと、私の30歳前後の生活がまさしくそうだったからです。すべての不都合に対して、「忙しいから」で目をつぶってきました。

このような人たちに、たとえば、会社の仕事オンリーで生きている人に「別のことにも力を注いだほうがいいよ」とアドバイスをしても、決まって返ってくる答えは「そんなヒマはない」です。

他にも、彼らの口癖として代表的なものをあげてみましょう。

□「忙しくて休みなんて取れない」

□「仕事だからしようがないだろ」
□「何とかなるよ」
□「子育てはお前の仕事だろ」
□「家族の面倒見るだけで精一杯」
□「休日ぐらい寝かせてくれよ」
□「ウチの会社にいれば安泰だから」

どうですか。あなたはこういうセリフを発していませんか？　思い当たるふしのあった人は、人生のリスク分散に問題ありです。わかりやすくいえば、ワーク・ライフ・バランスがとれていない可能性が大です。

◆ワーク・ライフ・サイクルで考える

私がワーク・ライフ・バランスについて研究をして、さまざまな場で発言するのも、ワ

ワーク・ライフ・サイクル

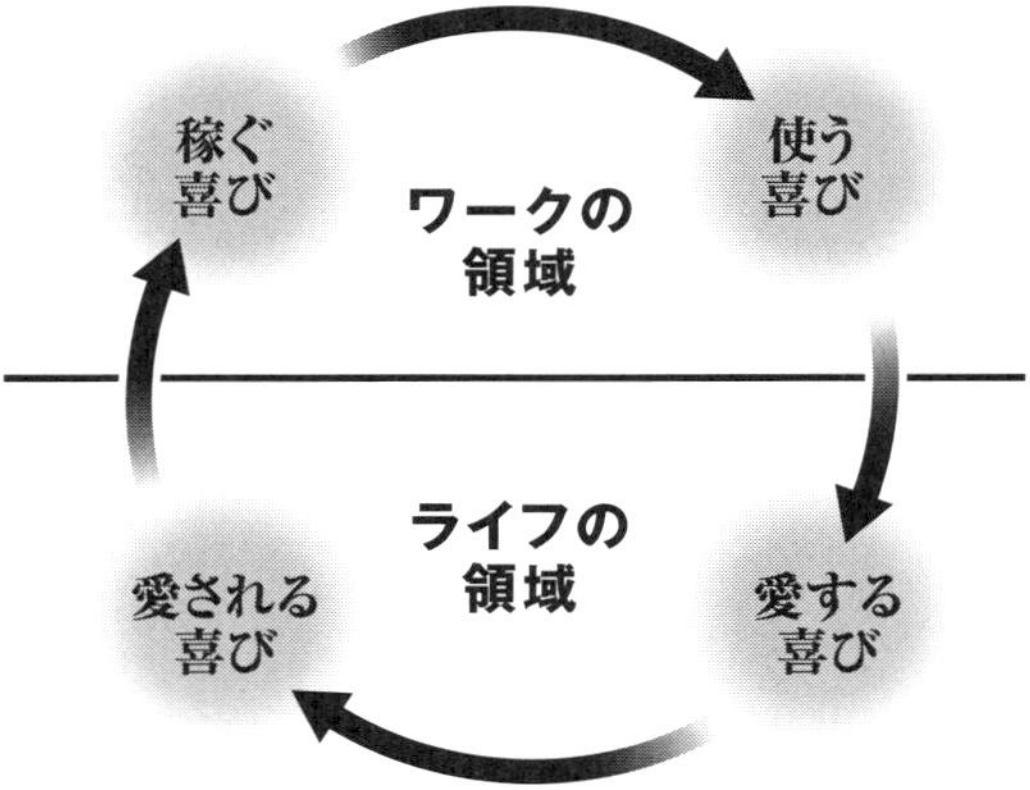

ークとライフのどちらかだけに集中しすぎたがために、人生のリスクを上手にコントロールできなかった人たちを大勢、見てきたからです。

不幸な人にありがちなのは、ワークとライフを対立概念として捉えてしまうことです。だから、ワークが大事だと思うと、ライフをおろそかにしてしまう。あるいは、ライフを優先させてワークを軽視している人もいます。

しかし、両者は対立どころか相互に補完しあうものです。つまり、ワーク・ライフ・バランスを構成する生活要素は、それぞれ有機的につながっていて、幸福の循環を作り出しています。これを私は「ワーク・ライフ・サイクル」と呼んでいます。

右の図を参照してください。円の上半分は、「稼ぐ」「使う」という勤労やお金の領域、下半分は「愛する」「愛される」という家族や生活の領域です。つまり、上半分がワーク、下半分がライフになります。そして、その4つがそれぞれ、私たちに幸せをもたらしてくれる要素だということです。四教科の入試問題みたいなものです。バランスよく点数を取ることで、得点を稼ぐことができます。

1．まず、お金を「稼ぐ」ところから説明しましょう。日本人はお金と幸福とを結びつけることをネガティブに考えがちですが、金銭と幸福度の相関関係が非常に高いことは、大阪大学の『なぜあなたは不幸なのか』の分析をはじめ、事実と認めざるを得ないところがあります。それは、お金がさまざまなモノやサービスと取り換えがきくからです。また「稼ぐ」という行為自体にも喜びも大きいからです。なぜなら、人から感謝をされないと、なかなか稼ぐことができないからです。「お金は感謝の表れ」というのが、私の考え方です。

2．そして次は、この稼いだお金を上手に「使う」ことです。使うことによって、家族を支え、子どもを養育していく喜びが生まれます。家族でなくとも、友人や恋人と過ごすために消費を行います。

3．継続的な勤労と、それに伴ってお金が使える、という基礎があることで、家族や友人との愛情や友情を安心して、はぐくむことができます。経済的に余裕があると、時間的な余裕や他の人への思いやりも生まれ、人を愛しやすくなるのです。

4．人を「愛する」ことは、「愛される」ことにつながります。自分のしっかりとした経済基盤があり、人を愛することができて、その愛が愛を呼び、愛される喜びを知ることができます。

愛される喜びを知った人は、愛してくれる人たちを幸せにするために、稼ぐ力を強化し、また仕事でもやり甲斐《がい》を見出し、自分の幸せを増やしていくのです。

このように愛とお金を同時に並べると、また勝間はお金の話ばかりしていると言われますが、経済学者の田中秀臣先生と話をしていても、やはり、愛と金銭的な補償は同等、またはは補完関係にあるということはすでに経済学としては常識だということでした。どうしても、恋愛としての強烈な愛情は結婚当初がピークでだんだんと薄れてしまうけれども、経済力が向上することによる生活の安定が夫婦の家族愛をはぐくみ、幸せを長持ちさせるのです。

◆現状を振り返り、理想のワーク・ライフ・バランスをイメージする

このワークによる稼ぎ力と、ライフによる周りへの愛情を好循環させる、ワーク・ライフ・サイクルを人生のなかでぐるぐると回していると、単にバランスがよい、というだけでないメリットがあります。どれか一つに支障が生じた場合でも、他の要素が補填するので、スムーズに再起動をすることができる、ということです。

たとえば、外資系投資銀行のある社員は、リーマン・ショックで職を失ったものの、それを機にイタリアン・レストランのオーナーに転身しました。彼は、職を失うまでにお金を稼いでいただけでなく、お金を使ってイタリアンを食べ歩いていたこと、あちこちの店のスタッフたちとよい関係を作り、強固な人脈を持っていたこと、そして何より家族を大事にしていたので、この大きな転身についても精神的なサポートを得られたことなどが重

なって、首尾よく再スタートを切ることができたのです。

既婚女性の場合で言えば、自分でも働いて安定した年収があれば、夫との関係が修復不可能なときには、慰謝料や養育費のことに頭を悩ませず、離婚という選択肢を取ることができ、新しい生活にスムーズに踏み出せます。

逆に、4つの要素のいずれか一つに集中しすぎると、生活によどみが生じて、リスクに脆くなっていきます。

長時間労働、長時間通勤で会社に縛りつけられている人は、稼ぐばかりで、使うことができません。それでは、自己のスキルアップへの投資ができないので、会社に不満があっても、転職先が見つかりづらい。同時に、家族や友人からのサポートや応援も得られない、まさしく八方塞《ふさ》がりです。つまり、ワーク・ライフ・サイクルのうち、4分の1しか幸せのために使えていないのです。

私の仮説として、『なぜあなたは不幸なのか』の調査などで、女性のほうが幸福度が高いのは、女性は逆に、残りの4分の3から幸せを得ているからかもしれません。特に、お金の使い方に長《た》けていることと関係しているのではないでしょうか。

デパートのバーゲンに行くと、大概男性は、パートナーが楽しそうに買い物している横で、つまらなそうに立っています。それに比べて女性は、買い物だけでなく、ライフ側として、その買い物をしたものを使って、部屋のインテリアを飾ったり、家族のために料理を作ったりなど、愛情を作り上げることに喜びを見出すこともできます。消費だけでなく、スキルアップや能力開発などの自己投資も女性のほうが積極的です。

おそらく男性は、投資や消費よりも、生産する（＝稼ぐ）場での社会的な承認に対する効用のほうが大きいのでしょう。しかし、価値観が多様化した現代では、生産だけによる幸せの追求は限界が来ているのです。なぜなら、高度成長期ほどは、努力をしたとしても、稼ぎが増えないからです。

日々の生活や時間の使い方をワーク・ライフ・サイクルの点から振り返ってみることを強くおすすめします。そして、4つのうち、どの要素が足りないか、どの要素にエネルギーが集中しすぎているかを具体的に洗い出して、理想の状態をイメージ化することを実践してみてください。

◆「分散の法則」を味方につけるアクション・プラン

それでは、最後に「分散の法則」を実践するための具体的なアクションを、投資する要素や対象を広げていくという観点と、広げるための時間を生み出すという観点の、2つの点から、あげてみます。

▼月に5人は、仕事以外の人と食事をする

人間関係の分散を実現するために、たとえば、月に5人ぐらいは仕事以外の知人や友人と食事をする時間を持ってみましょう。旧友でも、人の紹介でもいいですし、最近では、ネットのコミュニティを活用するのも一つの手段としておすすめです。ツイッターやミクシィなどのソーシャルネットワーキングサービスによって、会社以外の人と交流を深めることができる場が増えています。食事をしないまでも、さまざまな人たちと会話をするだけで、つきあいや視界が会社以外に広がります。自分の生活が会社中心で回っていると思

っている人は、とにかく仕事以外の人とつきあう時間を生み出すことから始めてみてください。

▼妻に、夫に、家族に手紙を書く

長期出張先からの絵ハガキでも、キッチンに残す走り書き程度のメモでも、冷蔵庫に貼ったボードでも、電子メールでも、携帯メールでも、どんな形でもよいので、相手のことを思いやる手紙を書いてみてください。ちょっと気恥ずかしいかも知れませんが、日々のできごとや思っていること、出先で撮った携帯の写真、友人との会話でおもしろいと感じたこと、読んだ本の話、仕事でうまくいったこと、何でもいいです。ちょっとしたときに、すぐに手紙を書き、スカイプのチャットで呼びかけ、携帯でちょっとメールする、そのような習慣が、ライフ側への幸福度をどんどん大きくします。

▼金融の分散投資を始めてみる

金融収入は労働収入のリスクヘッジとなります。詳細な方法は私の著書『お金は銀行に預けるな』（光文社）などを参照していただきたいのですが、適切なバランスで分散投資をすることで、収入源を分散化させることができます。またお金を分散投資することが、人生の分散投資の皮膚感覚でのトレーニングにもつながっていきます。私は、手取りの20%相当の金額を、月々の天引きによる分散投資で積み立てていくことを推奨しています。そうすれば、4ヵ月で1ヵ月分の生活費がたまるため、精神的な余裕が生まれ、ワークにもライフにも1つのところにしがみつかなくなるからです。

▼手帳を活用して、多様な要素に時間配分しているかチェックする

理想のワーク・ライフ・バランスを実現するためには、手帳を自分自身の時間のコントロールタワーにして、日々の行動を振り返ることが大切です。単に会議や打ち合わせのアポを書き込むだけではなく、自分の行動計画に基づいた予定をTO-DOリストにして、スケジュールに埋め込んでしまいましょう。たとえば、自分の能力開発に使う時間、家族や友人と過ごす時間を事前に書き込むのです。詳細な時間投資マトリックスの作り方は、『無理なく続けられる年収10倍アップ時間投資法』で説明しているので、そちらも参照し

てみてください。

▼NOT－TO－DOリストを作る

限られた時間を有効に使い、仕事だけの人生にしないために、無駄な時間はどんどん削っていきましょう。それには、「やってはいけない」ことを定めたNOT－TO－DOリストの作成が有効です。リストの作成だけでなく、上司からの理不尽な命令、他人からの飲み会の誘いなど、すべてに応じていては、時間はいくらあっても足りません。厳選した分野に集中するからこそ、質の高いアウトプットが可能になるのです。時間を生み出すためには、自分の時間の優先順位を明確にし、無駄と思えるものにノーと言える姿勢を持たなければなりません。

▼時間節約に役立つ家電に詳しくなる

仕事の効率化と同様に、家事を効率的に行うことも時間節約につながります。家庭のことで時間を多く取られていると感じるならば、日々、便利になっていく家電をチェックし、投資のつもりで積極的に導入しましょう。私も自動掃除機のルンバなどを購入して、家事の効率化ができました。おかげで子どもの目を見て話す時間を増やすことができました。「どうすればもっとこの作業を効率的にできるだろうか？」という視点を常に持ちながら、自分の時間のロスカットを心がけてください。

【おすすめ参考文献】

・勝間和代著『お金は銀行に預けるな―金融リテラシーの基本と実践』
日本人の労働一神教と金融リテラシーの欠如には深い関係があります。本書で強調している金融の分散投資法を実践することは、収入源のリスク分散にもなるのです。

・勝間和代著『無理なく続けられる年収10倍アップ時間投資法』
お金と同様に、時間も分散投資が重要です。この本では、理想的な時間配分を実現する時間投資マトリックスの作り方について詳細に説明しました。本書を参考に、効果的な時間活用術を身につけてください。

・山口一男著『ワークライフバランス―実証と政策提言』
日本にワーク・ライフ・バランスが根付かない原因を実証的に研究した学術書です。現状を踏まえた政策提言にも説得力があります。ワーク・ライフ・バランスに関心のある人は必読です。

・香山リカ著『しがみつかない生き方―「ふつうの幸せ」を手に入れる10のルール』
香山さんの言う「しがみつかない生き方」は「分散の法則」に通底していると私は思っています。仕事だけ、恋愛だけに「しがみつかない」。私が提供しているさまざまな技術も、しがみつかずに、自分の生活に合うように、適宜アレンジして使ってもらえればよいのです。

・増田明利著『今日、ホームレスになった―15人のサラリーマン転落人生』

ごく普通のサラリーマンがホームレスになっていく……。本書を読むと、人生は何が起きるかわからないことを痛感します。だからこそ、リスクを分散しておくことが大切です。

第4章　応報の法則

ネガティブなことはすべて、自分に返ってきます

◆他人を非難する人が陥る悪循環

私がこれまで観察してきた人のなかに、「○○の服装センスは悪い」「△△は立ち回りが上手いから成功しているんだ」と、他人の欠点ばかりをあげつらっている人が残念ながら、います。そういう人たちを見ていると、正直、良好な人間関係を築いているようには思えません。それはある意味当たり前で、そういう人と一緒にいて、快適に感じる人はほとんどいないからです。

そういった人は、自分のことは棚に上げたまま、他人のあら探しばかりする癖がついてしまっています。すると、一緒にいてもポジティブな刺激をもらうことはまずありません。悪口ばかり言う人とコミュニケーションをするのは不愉快ですから、自然と関係が希薄になっていきます。あるいは、悪口を言う人ばかり、集まってしまうでしょう。

こうした人々を観察していると、まさしく「因果応報」という言葉を思い出さざるを得ません。つまり、「他人を非難することは、めぐりめぐって自分自身を孤立させてしまう」

ということです。これを私は「応報の法則」と呼びたいと思います。

他人を非難しても、自分自身の能力は一向に向上しません。それなのに、なぜ他人を非難するのでしょうか。私は次の2つの要素が大きく絡みあっていると思います。

・要素1―嫉妬感情
・要素2―肥大した自己愛

まずは、要素1の嫉妬の感情から始まります。嫉妬は、多くの場合、「自分と能力は同等なのに……」「自分のほうが優れているのに……」という、相手に対するいわれもない妬みの気持ちから生じます。

自分と同程度、あるいは自分より能力は下（だと本人が思っているだけですが）の人間が成功するのは、どこかにインチキがあるからだ、あるいは相手がずるをしているからだと思っていないと、自分がいてもたってもいられないのです。結果として、「批判」「非難」という形でネガティブな嫉妬感情が表出し、相手の努力や成果の否定ばかりに向かってしまうのです。

こうした嫉妬感情は、要素2の、自己愛を肥大化させ、自己を防衛することにつながります。つまり、他人をおとしめることで、一時的に「自分はすごい」「自分は正しい」と誤った幻想を抱くのです。そうやって自己愛が肥大化すると、現実を客観的に見つめられないばかりか、膨れ上がった自分を守るために、正当な競争に参加できなくなりますし、膨れ上がった根拠のない自信が、自分自身の問題解決を困難にしてしまい、ますます人を引きずり下ろすことに没頭してしまうという悪循環に陥っていくのです。

私たちは聖人君子ではないので、人の批判や悪口を皆無にするのは不可能です。どうしても、ちょっとした弾みで「あの人は……」と出てしまう。でも経験的には、人を評価する際、3割以上がネガティブな表現になる人は「応報の法則」の悪循環にからめとられていく可能性が大きいと思います。まず、あなた自身、他人に対して、次のような非難フレーズを多用していないか、チェックしてみましょう。

□「あいつは○○ができてない」
□「だから○○さんはダメなんだよ」
□「あいつはたまたま運がいいだけ」

□「うまく立ち回りやがって」
□「○○ばかりできたって……」
□「自分は○○だから損をしている」

当てはまるものが多ければ、「非難病」の患者である可能性が高い人だと言えます。

一度、非難病を患うと、ひどい場合には、本質とはまったく関係のない自己正当化の材料を探すようになります。たとえば、相手の学歴が低いことをあげつらって自己を満足させたり、昔は自分のほうが立場が上だったことを執拗《しつよう》に誇ったりするようになります。

あるいは、成功している人たちを見て「あの人たちは家庭がぐちゃぐちゃじゃないか」と、わざわざマイナス面を探して自分を安心させるのも非難病患者の常套《じょうとう》手段です。

だれだって、人と比べて自分のほうが得意な部分が必ずいくつかはあります。そこだけを拡大して、自分のほうが優れていると考えても自分は改善しません。

おそらく、こうした人々は、相手のマイナス面ばかりを選択的に認知しているのです。客観的に見れば、成功している人のほとんどは、それに見合った努力をしているはずです。

ところが非難が常態化している人は、そこには目をつむって、自分が優越感に浸れる材料ばかりを探してしまう傾向にあるのです。

◆非難すればするほど動けなくなる

人の悪口を言うことを「双曲の法則」から考えてみましょう。

誰かの揚げ足を取れば、短期的にはいい気分になります。インターネットの掲示板やツイッターなどで悪口を書き込めば、そのときの見返りはすかっとした気分だったり、自己満足だったりするのでしょう。

しかし中長期的に見れば、他人への批判は確実にマイナスになります。なぜかと言うと、他人への批判は自分にそのまま返ってくるからです。

「あいつは○○ができないからダメだ」と非難したら、「○○ができない自分」もやっぱりダメになる。それは自分が動くためのハードルをどんどん上げることにつながるのです。

だから、他人を非難したらその分だけ、自分の行動力は低減すると考えてください。

もっとひどい場合には、タバコやギャンブルと同じように、悪口がアディクション（中毒）になります。四六時中、人の非難をしていないと、自分が不安でたまらない。そうなると、自分が動くためのエネルギーがほとんど枯渇してしまいます。

インターネットの掲示板などで匿名で批判する人は、「匿名だから自分に対して批判は飛んでこない」と思っているかもしれません。しかし、それは大きな間違いです。匿名だと一見、自分にとってのリスクがないように見えるから、非難のボルテージをいくらでも上げることができます。すると、毎日、掲示板に書き込むことで憂さ晴らしすることが習慣化していきます。これはほとんど中毒症状で、自分自身の行動力が大きく阻害されていくのです。また、厳密に言うと、こういったインターネットの悪口も最近の最高裁判例により、被害者からの請求があれば書き込んだ人の個人情報（ＩＰアドレス）の開示義務が認められました。没個性化による他人への非難傾向は、心理学的にもあるということが実証されていますが、それでも、結局その報いは自分が受けるわけです。

私がこれまで仕事でつきあった人のなかには、ライバル会社の悪口を言いながらプレゼンテーションをする人々がいました。その人たちは一時的にたまたま運があって成功を収めることはあっても、その成功は再現性が低く、中長期で見ると悪くなっていくことのほうが残念ながら、多いのです。

◆WHATではなくWHY思考で非難をとらえる

では、どのような思考習慣を身につければ、非難体質から抜け出すことができるでしょうか。

もし、自分がだれかを非難しそうになったら、WHATではなくWHYで考えることです。つまり、「あの人の何がダメなのか」と考えずに、「なぜ、私はその非難をする必要があるのか」と考えてみてください。そして、思考する対象もあの人ではなく自分に切り替えるのです。

たとえば、その非難は自己満足のためなのか、解決すべき課題があるからなのかを吟味してみるのです。非難が自己満足のためだったら、エネルギーロスにしかならないので、その時点で非難思考をストップさせましょう。テレビに向かって悪口を言ったり、ネットに匿名で悪口を書き込んだりするのは、明らかに自己満足のためですから、そういう習慣を持ってしまっている人はすぐに止めるべきです。

さらに内省を深めていけば、嫉妬感情や他者への非難は、自らのコンプレックスの裏返しであることに気づかされることも多いはずです。テレビやラジオで流暢《りゅうちょう》に話している人に対して「あいつはペラペラしゃべりすぎだ」と思うような人は、たいてい話すことにコンプレックスを抱いているものです。

一方、「職場の同僚の働き方がおかしい」という非難だったら、それは言いっぱなしにするのではなく、適切に対処して問題解決に取り組むことが重要です。

相手に対する不満を頭ごなしに怒ったり、別のだれかに愚痴ったりしても、「問題解決」という点ではまったく前進しません。そういう場合には、不満を誠実に伝えると同時に改善案を提示しましょう。それでも相手が改善しない場合には、できるだけ接触時間を減らして、つきあわないようにすることです。非難体質が染みついてしまった人とつきあうのは、人生の時間の無駄遣いですし、その相手とつきあうことで、自分のなかの怒りや妬みといった感情が呼び起こされてしまうからです。

◆羨ましさを「学習」に転化する

自分の身近なところで、成果をあげている人や人気者を見て、「羨ましい」と思う気持ちがもたげてくる。これは、誰にでもあることです。

しかし、羨ましさを悪くこじらせると嫉妬になり、ひいては他者への非難に向かっていきます。そのようにしないためには、羨ましさを「学習」に転化する思考習慣を作ることが重要です。

具体的には、羨ましいと思う相手がいたら、その成功要因に注目することです。そして「あの人の工夫をこんなふうに応用できないだろうか」「この点は自分のライフスタイルにも取り入れてみよう」という形で、自分の方法論に取り入れる。直接、話ができる相手であれば、助言をもらうのもいいでしょう。

私自身も、仕事のスタイル、知的生産の技術など、多くのことを神田昌典さんや本田直之さんなど、たくさんの方々に教えてもらいました。

何度も繰り返しますが、他者を非難するだけでは自身の行動力アップに何一つ寄与することはありません。悪口や批判が口から出そうになったら「それは自分の成長に貢献する？」と自問自答することを忘れないようにしましょう。

◆「応報の法則」を味方につけるアクション・プラン

最後に、「応報の法則」をプラスに転じるようにするためのアクションをいくつかあげてみましょう。

▼三毒追放――妬まない、怒らない、愚痴らない

これまでの著書でも、繰り返し言っていることですが、人を非難しないようにするには、三毒追放――妬まない、怒らない、愚痴らない――が特効薬です。プリントアウトしたものを自分のデスク周りに貼ったり、手帳に書き込んだり、常に自分の目に入るようにして

おくことをすすめます。

▼三薬実行――褒めよう、笑おう、感謝しよう

三薬は、三毒に呼応する私の造語で「褒める、笑う、感謝する」を指します。三毒追放をよりポジティブにしたものです。過ごしている時間において、できるだけ「三毒」の時間を少なくして、「三薬」の占める時間が多くなるように一日を過ごすことを心がけます。そうなれば必然的に、人を非難する時間は減少していきます。

▼不満は相手に直接話す

上司や同僚、部下など、身近にいる人物に対して不平や不満を抱いた場合は、本人の見えないところで陰口や愚痴を言ったところで、何の問題解決にもなりません。とにかく当の相手と直に会って、建設的な方向で不満を誠実に告げることです。

▼非難体質の人に近寄らない

他人の非難ばかりする人と接触すると、自分自身の三毒（妬む・怒る・愚痴る）も呼び覚まされてしまいます。自分の時間やエネルギーをポジティブな方向に向けるためには、彼らとの接触を極力なくすように心がけましょう。自分自身に改善する余地があるならば、相手が自分を非難する原因を分析して、冷静に対処することも必要です。しかし、それでも相手からの非難が続き、これ以上、関係の改善が期待できない状況になった場合は、互いが不幸にならないためにも距離をとったほうがいいのです。

【おすすめ参考文献】

・アービンジャー・インスティチュート著『自分の小さな「箱」から脱出する方法―人間関係のパターンを変えれば、うまくいく！』

自分の周りに「箱」を作ってしまうことによって、周りが見えなくなり、自己を正当化するプロセスがよく理解できます。自己正当化をするために、他人を非難したり、拒絶したりするのですが、それと引き換えに失うもの（良好な人間関係など）がたくさんあるという気づきも与えてくれます。応報という言葉は、この本をきっかけに考えるようになりました。ここに書かれている箱脱出方法もおすすめです。

・野口嘉則著『鏡の法則―人生のどんな問題も解決する魔法のルール』
だれかを責める人は、めぐりめぐって自分が責められる。逆に感謝すれば、自分も感謝される。まさに「応報の法則」が、物語の体裁をとりながら語られています。

・勝間和代著『起きていることはすべて正しい―運を戦略的につかむ勝間式４つの技術』
他人を非難したところで現実は変わりません。今「起きていること」から目を逸らさずに、適切な習慣と訓練を積み重ねることで運をつかむ技術を身につけてほしいという思いから、本書を書きました。

第5章　稼動の法則

ずぼらな人は、不幸な人です

◆「行動」はＰＤＣＡサイクルの要

私がふだん交流している人のなかで、仕事もプライベートも充実させている人には、絶対と言っていいほどの共通点があります。それは、行動力に満ちあふれており、ビジネス・マネジメントの大基本であるＰＤＣＡサイクルを普通の人の何倍も速く回しているということです。

計画（Plan）→行動（Do）→検証（Check）→是正（Action）というＰＤＣＡサイクルを速く繰り返せば繰り返すほど、新しい取り組みにどんどんチャレンジできるので、自分の変化や成長スピードが高まっていきます。早く行動するためには、「行動」の支障となる要因を取り除き、行動コストを下げなければなりません。

しかし、テキパキと動けない人には動けない原因が必ずあります。まずはその原因を探り当て、問題解決の方法を考えていきましょう。

◆失敗への恐怖を克服する

行動に移せない最大の原因は、失敗への恐れです。仕事でも勉強でも、未知の分野にチャレンジするとき、「失敗したらどうしよう」「うまくいかなかったら、恥ずかしい」という気持ちが行動を躊躇《ちゅうちょ》させてしまった経験はだれもが持っていると思います。多くの人にとって、この失敗への恐怖が、行動コストを高める大きな要因になっています。

失敗を回避することばかり気にかけてしまうのは、次のような自意識が働いているからです。

・失敗したら、他人からおかしな目で見られてしまう
・他人ができているのに、自分が失敗したら恥ずかしい
・未熟な自分の姿を見られるのはイヤだ

しかし、失敗はして当たり前です。むしろ、私は常々「失敗は美徳」と考えて行動することを推奨しています。また、学び始めの段階では、「わかりませんから、教えてくださ

い」と素直に頼むことにしています。ツイッターの使い方も、USTREAMの使い方も、そうやって覚えていきました。

失敗しないで何かを学び取るのは虫がよすぎる話です。子どもは何度も転んで自転車に乗れるようになります。料理だって、火の通し方や調味料の加減など、失敗を重ねて美味しい料理を作れるようになるのです。実際、脳科学者の池谷《いけがや》裕二さんによると、脳はそもそも失敗からしか学ばない仕組みになっていて、その道の達人というのは、たくさんたくさん失敗して、結果として、効率がいい正解の方法を身につけた人だということなのです。だからこそ、私が訳した『天才！—成功する人々の法則』（マルコム・グラッドウェル著、講談社）に出てくる「一万時間の法則」ではありませんが、何かを習得するには、たくさんの行動、試行錯誤が必要なのです。

失敗によって「嫌われてしまうのではないか」「ダメな人間だと思われるんじゃないか」と他人からの評価が下がることを恐れる人もいますが、ときには嫌われるリスクをとることも必要です。嫌われることを避けてばかりいたら、失敗への恐怖心はいつまでたっても克服できず、自分の能力も伸びていきません。それに、リスクをとることの大切さを知っている人は、積極的に挑戦して失敗した人を決して嘲笑《ちょうしょう》することはありません。むしろ、そのチャレンジを褒め称えると思います。失敗の価値がわかっている人同士は、失敗を通じてつながることもできます。

◆失敗に慣れると学習や行動が加速する

最近、私の事務所では新しく2人のビジネスパートナーが加わったのですが、そのなかの1人が1泊2日の内部統制に関する合宿研修に参加したときの話です。スキルを高めるせっかくのチャンスなのに、質問コーナーが始まっても、だれ一人として質問しません。全部で20人ぐらいの参加者のうち、質問する人はほとんど彼だけだったそうです。だれも質問しないので研修中にわからないことがあれば次々と質問をして理解を深めていった結果、2日目の研修は彼が他の参加者に教えているような状況になってしまいました。

参加者のなかで、彼だけが突出して能力が上だったわけではありません。おそらくスタートラインは大差ないのです。でも、彼はPDCAサイクルを回すスピードが速いので、学んでいきながら、どんどん疑問点を解消していくのです。だから同じスタートラインで同じ時間の学習でも、学習効果としては大きな差となって現れるのです。

失敗を奨励する風土の会社は、社員の能力も伸びやすいし、会社の成長速度も速い。組織全体でＰＤＣＡサイクルを加速させていくのだから当然です。私の事務所でも、スタッフやパートナーはみな頓珍漢な質問を平気で投げかけます。「それ違うよ」と言われてもヘッチャラです。そういうカルチャーになじんでいると、たった２日の研修でも相当な内容を学習することができるのです。

失敗を恐れて、行動をためらってしまったのでは、何一つ自分は変わりません。それどころか、行動しなければ、それだけ遅れが生じるわけですから、次の行動コストはもっと高いものについてしまいます。

一方、失敗に慣れていくと、行動コストはぐっと下がり、すばやい行動をとれるようになっていきます。行動が速いということは、ＰＤＣＡサイクルが速いから、間違ったときでも修正が速いのです。

◆行動コストを下げる環境を作る

ここまでの説明で、失敗に対する恐怖心はだいぶ薄らいだでしょうか。

前章の「応報の法則」では、他人を非難する行為は行動コストを高めてしまうことも指摘しました。

しかし、他にも行動コストを高める要因があります。たとえば「面倒だ」「後でいいや」という気持ちがあると、人はなかなか行動にとり掛かれません。「他人への非難はＮＧ」「失敗は美徳」という内面的な姿勢が整った次には、行動コストを下げる環境づくりを工夫してみましょう。

たとえば、マメに整理整頓できる人は、行動コストが低くなります。机の上はもちろん、パソコンのフォルダやメール管理がきちんとできている人は、それだけ仕事に早くとり掛かることができるからです。

ぜひ理解してほしいのは、身の回りの整理にせよ、情報整理にせよ、整理そのものが目的ではなく、行動しやすい環境を作るための手段であるということです。私が「情報は整理するな！　検索せよ」と言うのも、そのほうが行動するための情報にすばやくアクセスできるからです。

自分では効率的に生活しているつもりでも、次のような言葉が口をついて出る人は、行動コストの高いせいではないか、と疑ってみてください。

□「面倒くさいなあ」
□「後でやりますね」
□「今は様子見の段階なので」
□「失敗したらどうしよう」
□「ちょっと探してみるので、待っていてください」
□「気が乗らないなあ」

◆習慣化は行動コストをゼロに近づける

「稼動の法則」の肝心な点は、動かない人はますます行動コストが高くなることです。逆に、動けば動くほど、行動コストは下がっていくということです。

したがって、行動を習慣化してしまえば、コストは限りなくゼロに近づいていくことになります。日常生活から仕事、趣味、自発的な学習まで、ありとあらゆる行動を習慣化していくことで、人生のPDCAサイクルは格段に速くなるのです。

哲学者のニーチェの『悦ばしき知識』(筑摩書房)にはこんな一節があります。

「私にとって、何よりも耐えがたいもの、本当に怖ろしいものは、全く習慣がないという生活、たえず即興曲を必要とする生活であろう」

たとえば早寝早起きという習慣は、できない人にはすごくつらいことに感じられるのですが、一度習慣化した人にとっては楽チンなのです。そういう意味では、学校生活や会社生活も我慢強さを作るのに貢献している側面はあります。

自己変革の方法をユーモラスなマンガで説いた『キッパリ！』（上大岡トメ著、幻冬舎）という本の冒頭には「脱いだ靴は、そろえる。」とありますが、これも習慣化によって行動コストを下げることのススメです。

私はゴミを見つけると、すぐに捨ててしまいます。目に付いたところからキレイにしていく癖です。そこに「面倒だ」とか「後でいいや」という気持ちはまったく生じません。これは何も私が優れているわけじゃなくて、それが習慣になっているからです。実際に、行動が早い人、マメな人は、整理整頓好きで、掃除好きです。頼み事に対して、行動も早いし、返事も早いし、確実です。

簡単に言うと、マメな人になれということなのです。おそらくマメな人の多くは、気づきからさまざまな行動に至るまでのプロセスが習慣化されているのではないでしょうか。私の周囲を見回しても、マメな人は明るくて幸福な人がほとんどです。マメなのに、不幸な人というのは、ちょっと想像がつきにくいです。

◆「数打てば当たる」という割り切りが習慣化のヒケツ

行動と習慣は相乗効果をもたらします。行動を積み重ねるから習慣になるし、習慣化されるから行動できるようになります。ただ、どんな習慣であっても、最初の1歩は行動です。積み重ねるべき行動がなければ、習慣は生まれません。

だからこそ「とにかく動く」が大事なのですが、同時に、自分が楽に動けるようにする工夫を忘れないようにすることです。楽に動くことは習慣化を早めてくれるからです。楽に行動するための工夫は多種多様で、万人に当てはまる正解はありませんが、自分にとっての正解が見つかるまでは、数を打ってみることも大切です。

たとえば語学の教材であれ、パソコンのさまざまなアプリケーションであれ、人によってうまく使いこなせるものとそうでないものとがあります。だから、まずはダメ元の精神で使ってみる。いろいろ試して使っていけば、10個のうち1つぐらいは自分にしっくり来る教材やソフトと出会えるはずです。

目的達成のための行動に対して、1つの手段がうまくいかなかっただけであきらめるのでなく、複数の手段を試して、そのなかで効果のあるものを主体的に選んでいきます。そうやって行動を効率化することで、習慣化も加速していくのです。

◆「稼動の法則」を味方につけるアクション・プラン

これから、マメに動ける人間になるための具体的なアクション例をあげてみます。

▼「SMART」で目標設定する

行動する「仕組み」を生活に取り込むためには、できるだけ具体的に目標を設定することが大切です。目標を書くときのコツは「SMART」を意識することです。SMARTとは、

1．シンプルにする（Simple）
2．なるべく数字にする（Measurable）

3．少しがんばれば達成できることにする（Achievable）
4．成果が測れるものにする（Result-based）
5．期限を区切る（Time-oriented）

の5つです。

文章の長い目標、数字の入らない具体的でない目標は、漠然としていてイメージしにくくなってしまいます。目標は、イメージしやすいようシンプルに書きましょう。たとえば、私の2009年度の目標は、自分の「非助成認知率」という指標をあげることでした。非助成認知率とは、マーケティング用語ですが、たとえば私の写真を見せて、ヒントを出さなくても、「勝間和代」という名前が出てきて、何をしている人かだいたいわかる、ということです。

2009年度初頭、すなわち2009年4月の時点では、「勝間和代」の非助成認知率はおそらく、20％に満たなかったと思います。そしてこの本を書いている約1年後の2010年の4月では、おそらく、60〜70％というところでしょうか。私はこの目標を、SMARTの法則に基づいて、以下のように考えました。

1．Simple　とにかく、老若男女・年代を問わず、浸透率を上げることを考える

2．Measurable　メールマガジン発行数、ツイッターフォロワー数、ブログアクセス数などに目標を作る

3．Achievable　よりわかりやすい目標として、「紅白に審査員として出ること」「金スマに出演すること」を掲げる

4．Result-based　出演の可否、リーチの可否などで、結果が見えるようにする

5．Time-oriented　1年間と年度を区切る

こうすると、自ずとやるべきことが明確になり、行動がしやすくなります。また、集まってくる賛否両論についても、聞くべきか、保留すべきか、判断がしやすくなるわけです。

▼メールの受信ボックスを空にする

メールや電話の用件がたまっていくと、行動コストが高くなっていきます。メールはためずに一定時間内にすぐに返信をしていきます。既読のメールも受信ボックスにため込まずに、フォルダ分けしてしまうのが理想です。ノートパソコンやスマートフォンを持ち歩き、いつでも返信ができる態勢を整えておけば、行動コストは大きく下がります。電話に関しても即レスが基本です。携帯に着信履歴があったら、発見した瞬間にコールバックしましょう。

▼自分のできない運動・スポーツに挑戦してみる

運動やスポーツは失敗慣れするのにもってこいです。私が取り組んでいる水泳もそうですが、身体的な動作は、理屈だけでは覚えられないので、何度も失敗して注意されることの繰り返しです。そのことが精神的にも失敗免疫を作っていきます。体育会系のデキるビジネスパーソンは、学生時代に失敗慣れを経験しているのでしょう。体育会系の運動部やスポーツサークルのプラス面は、監督やコーチから怒鳴られることが当たり前なので、失敗が怖くなくなっていくことです。

▼コミュニティ・ラーニングに取り組む

仲間から教えてもらったり、仲間と一緒に取り組む環境を作れば、「億劫《おっくう》だ」という気持ちの面での行動コストは大幅に削減できます。たとえば、ネット上には英会話のコミュニティや資格試験のコミュニティがあり、そこではメンバーが励ましあって勉強しています。自意識が過剰な人ほど、こうしたコミュニティを敬遠して、一人で取り組んで挫折してしまう傾向が強い。ウマが合わなければやめればいいだけなのですから、気軽な気持ちでコミュニティ・ラーニングに取り組んでみてはどうでしょうか。

【おすすめ参考文献】

・畑村洋太郎著『失敗学のすすめ』
よい失敗と悪い失敗の違い、失敗の肯定的な活用法など、失敗との上手なつきあい方を教えてくれます。

・上大岡トメ著『キッパリ！―たった5分間で自分を変える方法』
日常生活のなかで簡単にできる自己改善の行動例が、4コママンガとともにわかりやすく紹介されています。

・勝間和代著『効率が10倍アップする新・知的生産術―自分をグーグル化する方法』
私が日ごろ実践している、行動コストを下げるための技術をぎっしりと詰め込んだ本です。100％真似しようとせず、みなさんのライフスタイルやワークスタイルに合わせて、取捨選択して使ってください。

第6章　内発の法則

人と比べると、どんどん不幸になります

◆行動の結果をそのまま放置しない

「応報の法則」と「稼動の法則」が、ＰＤＣＡサイクルで言うとＤ（Do）に当たります。そして、この内発の法則は、Ｃ（Check）とＡ（Action）に当たるわけです。

行動の大切さは、これまで十分に述べてきました。たとえば、「自分探し」に走る人の多くは、行動を伴わないまま「自分にピッタリの天職って何だろう？」とか「本当の自分を発揮できる場所はどこか違うところにあるはず」と考えがちです。しかし、自分が動かない限り、天職も自分を生かせる場所も見出すことはできません。したがって、行動からすべて始まります。

でも、いざ目標を掲げて行動をしたとしても、思うように結果が出ないことがあります。あるいは、一生懸命頑張って仕事をしているのに、どこか満たされない気分で生活をしている人も少なくありません。行動の結果に対して、違和感を持った場合にはそれを放置せずに、原因を分析して適切に改善することが必要です。

そこで、6つ目の法則である、「内発の法則」の出番です。

「内発の法則」とは「他人による評価ではなく、自分の内面に確固たる軸を持って生きている人は幸福である」ということを理解することです。

自分のなかにブレない軸を持っていれば、行動の結果に違和感があったときに、修正がききやすくなります。PDCAサイクルで言えば、適切なCheckができて、改善のためのActionを導きやすくなるのです。

◆他人に幸福のモノサシを預けるな

逆に、自分のなかに軸を持っていないとどうなるでしょう?

この場合、自分を評価するモノサシがないので、世間や組織のモノサシでしか自分の行動をチェックできなくなります。他人と自分を比べてしか自己評価をできなかったり、何事も他者の評判を参照しないと行動できなかったりすることになります。これでは、なかなか自己肯定感を得られません。つまり、自分で自分に合格を出せないから、何をやっても不安や不満がくすぶり続け、十分な幸福感を抱くことができないのです。まずはあなたが自分のなかにブレない軸を持っているかどうか、口癖の面から点検してみましょう。

□「○○さんはいいなぁ」
□「だって△△さんもやっているから」
□「頑張っているのに報われない」
□「親が望んでいることだから」
□「私には○○がないから」
□「スタート時点で差がついてるし」

これらの口癖に共通しているのは、他者の自己実現を自己の自己実現と取り違えてしまっていることです。ここで言う「他者」には親も入るし、会社や学校なども含まれます。

他者に自分の成長のモノサシを預けると、せっかくの行動や努力も空回りする危険性が大きくなることをまず理解してください。

◆不得意なものを比べず、強みを伸ばす

では、自分のなかに軸を持つためには、どうすればいいでしょうか。

最も重要なのは「不得意なものに時間をかけすぎず、自分の強みを生かすことに集中する」ことです。

私自身、30歳前後までは全能感みたいなものがあって、不得意なことでも頑張れば克服できるのではないかと思い、がむしゃらに努力をしていました。会社の上司からは、「どんなに頑張っても、欠点は欠点なんだよ」とたびたび言われましたが、それでも欠点を直す努力は続けたのです。

その努力が無駄だったわけではありませんが、欠点や不得意を劇的に改善させることは難しいこともわかってきました。また、時間は有限ですから、欠点の修正ばかりに目を向けると、自分の長所や強みを生かせなくなります。

そこで、私は次のように考えることにしたのです。

長所を伸ばすことによって、欠点を補う方法を考える――。

たとえば、私は人の感情の機微を読み取るのが苦手です。感情を読むのが上手な人は、会話をしながらでも、相手の感情の揺れや思考の癖を臨機応変にキャッチできるようですが、私にはそれは不可能です。

そこで私は、自分の得意なパターン認識でこの苦手を補うことにしました。相手が満足感（あるいは不満）を感じているのはどういう表情のときか、相手が迷っているのはどういう顔つきのときか。人の表情に関する本は多く出ていますし、映画や小説でも学べますから、私は、自分の強みである言語や記憶を生かすことで、苦手な部分を埋めようとしたわけです。

卑近な例では、ファッションも私の関心の薄い分野です。ファッションに関しては、自分がよいと思えばそれでいいのだと割り切っています。もちろん礼儀として身ぎれいであることはすごく大事なので、TPOに応じて失礼のない服装をしますが、ファッション雑誌をめくって、春夏のコレクションをチェックして、というところまでエネルギーをかけるのはもったいないので、日常で着る服については「サイズが合えばOK」ぐらいの感覚で、お店の人のおすすめに従って、時間をかけずに選んでいます。

いずれにしても大事なことは、欠点の修正よりも強みを伸ばすほうにエネルギーを配分する、ということです。つまり、ビジネスの世界の「選択と集中」を自分自身にも適用するのです。

欠点や苦手の種類によっては、埋めなくてもいい場合だってあります。得意なことから受け取るメリットが、不得意によって被るリスクを上回っている状態にすればいいのです。

◆強みの発見が自分比の幸福へとつながる

さあ、ではどうやって自分の強みや得意分野を発見するか。ここではもう、紹介するのが何冊目かも忘れてしまったのですが、「ストレングス・ファインダー」を活用することをすすめたいと思います。

「ストレングス・ファインダー」とは、アメリカの調査会社ギャラップ社が提供している診断テストで、34種類の資質のなかから自分のもっとも強みとなる5つの資質を教えてくれるものです。

私が事あるごとに「ストレングス・ファインダー」の診断をオススメするのは、自分の強みを発見することが、すなわち「自分が何をしたら幸せか」を見つけることとほぼ同義だからです。私の強みは、学習欲、着想、最上志向、活発性、目標志向の5分野ですが、自分が得意とするこうした能力を生かした結果として周囲が喜んでくれるときに一番、幸福を実感します。

自分比の幸福とは、自分のなかだけで完結する幸福のことではありません。「自分の軸」をしっかりと持って、他者と関わり幸せを共有することなのです。

「ストレングス・ファインダー」の詳細については、『さあ、才能《じぶん》に目覚めよう』（マーカス・バッキンガム&ドナルド・O・クリフトン著、日本経済新聞出版社）を読んでいただきたいのですが、こうしたツール以外にも、信頼できる上司や同僚、友人、パートナーに自分の強みと弱みを直接、尋ねてみてもいいでしょう。ただし、全体理論編にも書きましたが、アドバイスを得る相手は厳選すること！　セカンド・オピニオンも大事にしてください。

◆3割の継続投資が人生の選択肢を広げていく

自分の得意分野や強みを発見したならば、そこにエネルギーや時間を集中投資して、能力を高めていくようにします。たとえば10割のエネルギーのうち3割は意識をして、自分の能力強化に注ぐようにしましょう。

この3割投資によって、自分の強みが開花していけば、「これだけは人に負けない」という自信が芽生えていきます。こうした強い自信を持つことができれば、自分を生かす場を自分の判断や決断で広げていくことができるのです。

たとえば、コミュニケーションの得意な人が、自分に投資して語学力を身につければ、さらに活躍するステージを広げることができます。会社の仕事に不満を感じた場合には、自分の能力を生かした転職や起業といった選択をすることができる。つまり、3割の投資は将来のリスクヘッジにもなるのです。

逆に、自分に投資せずに、現状維持のままでいるならば、人生の選択肢も狭いままです。

いざというときでも、うろたえるだけで「時すでに遅し」となってしまう。これが、私の繰り返し言う「新しいことにチャレンジしないほうがリスクが高い」ということです。

自分の得意分野で勝負できれば、より多くの他者に自分の能力で貢献することができ、それが喜びや感謝となってフィードバックされていきます。

人々が、自己成長を実感し、強みを生かし合って、夢をかなえあう。自分もみんなも幸福になる。そのために、自分の強みを発見し伸ばすことが幸福の種をまくことだと思ってください。

◆「内発の法則」を味方につけるアクション・プラン

以下は、自分のなかにブレない軸を生み出すための実践例です。これらを参考にして、自分の強みや進むべき道を発見するヒントにしてください。

▼「レコーディング・ハッピネス」を始める

体重変化を「見える化」することで成果を出すことができると、「レコーディング・ダイエット」が評判になりましたが、私が幸福の技術としておすすめするのは「レコーディング・ハッピネス」です。生活のなかで幸福に感じたことを毎日、記録していき、自分の幸せのツボを「見える化」するのです。感謝すべきこと、心地よかった体験など、その日、一日で自分がハッピーだったと感じた内容を箇条書きでいいので書き出す。ただ、それだけのアクションですが、「レストランでディナーをしても楽しくない」とか、「意外にコツコツ型の仕事が好きなのだ」というような発見があるはずです。さらに、この記録が幸福度そのものを高めるというおまけもあります。イリノイ大学のディーナー教授の研究によると、幸せな出来事の記録を2週間、継続したグループは、雑事を記録したグループよりも、幸福度が上昇したという結果が出たそうです。

▼一人で楽しめる、「おひとりさまの楽しみ」を見つける

自分のモノサシを持つためのもっとも簡単なアクションは、一人で楽しめるものを見つけることです。最初のハードルはぐっと低くして、一人で飲食店に入る、一人で映画を観る、一人でCDや本を探すということでもかまいません。一人になる時間を増やして、そのなかで自分の楽しみを見出すことを実践してみてください。これを重ねていくと、自分で幸せの基準を探す能力が養われていきます。

▼ミッション・ステートメントを作る

長所や強みを伸ばして、人生の選択肢が広がっていくようになったら、自分が達成したいミッション・ステートメントを書きだしてみましょう。ミッション・ステートメントとは、自分の人生を賭けて達成したい理想のイメージです。短期的目標の羅列とは違うので注意してください。たとえば私の場合であれば、「自分の子ども・孫世代が安心して暮らせる日本の仕組みを創る」といったことが、ミッション・ステートメントになります。

▼自分の弔辞を書いてみる

縁起でもないと思われるかもしれませんが、自分の弔辞を書いてみると、自分の死後、何を成し遂げた人として周りの人から語ってもらいたいか、説明してもらいたいかがハッキリと具体化します。この内容からミッション・ステートメントに落とし込んでみてもいいかもしれません。

【おすすめ参考文献】

・マーカス・バッキンガム&ドナルド・O・クリフトン著『さあ、才能《じぶん》に目覚めよう』

自分の強みとその活かし方について、私が大きな影響を受けた一冊です。本書を買うと、「ストレングス・ファインダー」テストにアクセスできるIDがついています。

第7章　利他の法則

人への幸せこそが、自分への確実な幸せです

◆周囲への貢献が自分にいつか返ってくる

「内発の法則」では、自分の強みを生かして他者に貢献し、それが喜びや感謝となって自分に返ってくることが、幸福につながると説明しました。私がよい刺激を受けている人たちを見ても、みな自分の得意分野を生かして他者のために活動し、大勢の人の共感を集めていることがよくわかります。

私が本を書いて、努力を楽に成し遂げる「仕組み」を伝えたり、時間投資の効果的な方法を伝えるのも、読者により素敵な毎日を過ごしてほしいという気持ちがあるからです。本が何万部と売れるより、印税でお金がたくさん入ってくるより、スターバックスでお茶をしているときに「勝間さんの本でヤル気が出ました、ありがとうございます」と声をかけられることのほうがずっと嬉しいのです。

そういった周囲の人への貢献は、すればするほど自分のところにも戻ってきます。自分が能力を生かして人を助ければ、今度は助け返してもらうことができます。これを繰り返して、みんなで幸せになっていくことを私は「利他の法則」と名づけました。

◆見返りを要求する人は利己主義者

でも、誤解しないでほしいのは、自分が貢献したことに対する感謝や喜びは後からついてくるものであり、要求するようなものではありません。そうやって感謝や称賛を要求するような貢献は、本当の意味での他者貢献ではないと思います。ある意味、「自分の力を発揮できる場を提供してくれてありがとう」と相手に感謝をする気持ちが生まれ、それにあえて恩を着せる必要はないと思います。

会社の部署でもスポーツのチームでもいいのですが、「おれのおかげでプレゼンが通った」とか「私の活躍があったから試合に勝てた」といった発言を聞いてしまうと、せっかく芽生えかけた感謝や喜びを伝える気持ちも挫《くじ》かれてしまいます。

こういう感謝や称賛のクレクレ君たちは、言外に感謝や承認を要求している点で、結局のところ、利己的な、自分中心の天動説タイプです。

私がこれまでつきあった人々を見ると、利他主義を習慣にしている人ほど運が寄って来て、利己主義の人ほど運が逃げていっているケースを何度も見てきました。

たとえばツイッターでも、自分の知りたい情報を教えてもらうだけで、自分からは何も情報発信しないクレクレ君は、フォロワー数をどんどん減らしていきます。利己主義を習慣にしてしまう人は、つきあいたいリストの順位を下げ、自分の味方を失っていくのです。逆に、周りの人にどんどん惜しげもなく自分の知っている情報や、返答をする人は、人気が集まります。

自分が利己主義的になっているかどうかは、こんなセリフを自分が口にするかどうかで、まずはモニターしてみてください。

□「こんなにやってあげたんだから」
□「感謝しろよ」
□「お前のためを思って言ってるんだ」
□「もう少し喜んでくれたっていいのに」

□「こんなに頑張ったのに」
□「努力がすべてだよ」

最後の「努力がすべてだよ」は少し説明が必要ですね。

私はいつも、運が98％、努力は２％だと考えています。だからと言って、努力をすることをあきらめるのではなく、98％の運を自分に引き寄せるために、２％の努力を楽しく効果的にする技術をさまざまな形で公開してきました。

ところが、利己主義者は天動説タイプですから、どんなことでも自分の手柄にカウントしたがります。したがって、人の幸福や不幸を、個人の努力だけの問題に還元しやすい傾向が強いのです。

自分のスキルについても、「自分の努力だけで得たものだから、他人に分け与えるのはもったいない」と考えてしまいます。こうした考えは、結果的に他人からのサポートや共感を得られず、自分の行動範囲を狭めてしまうのです。

◆ウッフィーの世界がやってくる

これからの時代を考えると、利己的な人々はますます苦しい状態に追い込まれていくと私は思います。というのも現代は、これまでに考えられなかったほど、利他のフィールドが広がっている時代だからです。

今まで私たちは、地理的に遠い人や見知らぬ人に貢献する手段をほとんど持っていませんでした。しかし、ITのデジタル技術によって、情報発信やスキルを提供するコストは劇的に下がったのです。これはとてもおもしろい時代です。

こうした時代の経済やビジネスのあり方を鋭く示唆した本が『ツイッターノミクス』(タラ・ハント著、文藝春秋)です。この本のテーマを一言で言うならば、これからの世界は、他者からの信頼こそが経済的利益の源泉になるということです。

この本には「ウッフィー」という概念の重要性が強調されています。「ウッフィー」とはもともと『マジック・キングダムで落ちぶれて』(コリイ・ドクトロウ著、早川書房)

というSF小説に出てきた信頼通貨の名称です。小説で描かれる世界では、金銭ではなく可視化されたウッフィーが共通の通貨として流通します。つまり、他人からの感謝や尊敬、評価が一種の通貨となって、個々人のなかに蓄積され、モノやサービスの売買もウッフィーで決済する。したがって、人からの信頼や尊敬を集めている人が富のある人なのです。

『ツイッターノミクス』は、このウッフィーの世界が現実化しつつあることを示唆しています。ブログやツイッター、SNSなど、ソーシャル・メディアが発展することで、従来の市場経済とは異なるギフト経済の世界が生まれつつあります。ギフト経済の世界では、「対価」という発想ではなく、一見自分の得にはならないスキルや知識の「贈与」が他者からの信頼や尊敬を集め、より大きな見返りとなって戻ってくるのです。

◆無理をしない利他のススメ

ウッフィーの価値観は私が繰り返し唱えている「ギブの5乗」とまったく同じだと思います。他人に貢献すればするほど、自分の応援団も増えてくる。そして応援団も、自分に対して貢献してくれるから、活動の幅や人生の裁量がどんどん拡大していき、そのことが日々の幸福をもたらしてくれるのです。

では、なぜ見返りを求めてしまうのでしょう。そういう人たちを観察していて気づくのは、貢献の仕方に無理があるのです。

自分の本業でさえアップアップな人は、他人のために手を貸しているエネルギーのゆとりがありません。自分のことだけで精一杯の人が、まかりまちがって他人のお手伝いをするから見返りのことにすぐ頭がいってしまう。

ボランティアやNPOはすばらしい活動だと思いますが、自分に余裕のない状態で参加することはオススメしません。自分にゆとりがないと、中途半端な貢献しかできないので、組織の運営に支障を及ぼしたり、組織内の人間関係を悪化させることになるからです。

自分が苦手なことなのに、求められるがままに手伝おうとする人もときどき、見かけます。この場合は、自分は過大なエネルギーを使うし、相手も求めたものを得られないので、win-winとまったく正反対の結果をまねいてしまいます。

そうならないために大事なことは、十分に蓄積した経験資産で相手に貢献することです。

つまり「内発の法則」で説明した自分の長所や強みを生かして、他人に貢献することこそが重要なのです。

私が「ギブの5乗」という合言葉で言っているのも、自分の得意分野の情報やスキルは、水のように湧いてくるものだから、どんどん惜しみなく与えてしまおうということです。

ＩＴが得意なら、ブログやツイッターで、「こんなソフトを使うと、仕事が効率化するよ」とか「こうするとトラブル処理がうまくできるよ」といった情報をばんばん発信する。これは自分の経験資産ですから、見返りがなくてもスキルの懐はちっとも痛まない。と同時に、結果的にはこういうゆとりある貢献のほうに、感謝や賛同が集まってくるのです。

◆小さな利他行動から始めてみよう

利他的な習慣は一朝一夕で身につくものではありませんから、できることは今日、今からでも実践しましょう。

どんなに小さなことでもいいのです。電車のなかでお年寄りに席を譲りましょう。道に迷っている外国人を見つけたら、声をかけて道案内をしてみましょう。こうした行動は、善意を受けた人とあなただけではなく、周囲の人の気持ちも心地よいものに変えていきます。

会社に勤めているなら、後輩に自分のスキルや知識をどんどん教えるようにしましょう。人に教えることは、自分のスキルにも磨きがかかるし、後輩も成長する。さらに利他的な行動も身につくので一石三鳥です。

とにかくコストのかからない利他行為をたくさんし、それがフィードバックされる経験を積んでいくことです。こういう経験を快感と感じられるようになればしめたもの。幸福な関係の循環がまわりだしている証拠です。

◆「利他の法則」を味方につけるアクション・プラン

すぐに始められる利他的な行動例をあげておきます。「無理をしない」ことを肝に銘じて、少しずつでもいいので利他的な行動を自分のなかに貯金していきましょう。

▼互いに褒め合う

だれにでもできてコストのかからない利他的な行為は、互いに褒め合うことです。尊敬できる周囲の仲間と「褒め合い同盟」を作って、日常的に褒め合う関係を作ってみるのもいいかもしれません。その際、「あのレポートの図解はすばらしかった」「プレゼンの締めくくりの言葉がよかった」など、できるだけ具体的な点を褒めるように心がけてみましょう。褒め合う行動には、第三者から自分の強みを発見してもらえるという効果もあります。褒め合うことは、互いの成長を加速させていくのです。

▼PTAや地域の活動に参加する

ビジネスにはどうしても対価の発想が入りますが、PTAや地域の活動はボランタリーな意志で参加するものなので、利他的な習慣を身につけやすいと思います。ただし、さきほど述べたように、くれぐれも無理は禁物です。自分にできる範囲で参加するようにしてください。

▼寄付をする

欧米では寄付文化は当たり前のように根付いています。信頼できる機関を見つけて、小さな額でもいいので寄付をすることは利他的な習慣づくりには有効です。私はもちろん余裕の範囲でしかできませんが、寄付をすればするほど、自分に運が回ってくる気がして、しかたないのです。それは、寄付をする余裕があるから運が回るのかもしれませんが、なるべく自分自身のお金の使い方については浪費や冗費を避けて、生じた余裕分については寄付を行うようにしています。そして、寄付先のさまざまな活動に触れて、できる範囲で参加をすることで、これまで見えなかったさまざまなことが、見えてくるのです。

【おすすめ参考文献】

・ドナルド・O・クリフトン＋トム・ラス著『心のなかの幸福のバケツ―仕事と人生がう

まくいくポジティブ心理学』
他者の心のバケツを満たすことがとてつもない効果を生み出すことを平易に伝えてくれる本です。この本にも「ストレングス・ファインダー」のアクセスＩＤがついています。

・タラ・ハント著『ツイッターノミクス』
先ほど説明したように、ソーシャル・メディアの発達がもたらすギフト経済社会の到来を力強く語っています。これからのビジネスのあり方を考えるうえで必読の一冊になるでしょう。

おわりに

いったい、何が幸せかは、誰も絶対的な定義など、できないでしょう。だからこそ、哲学でも、自己啓発でも、永遠のテーマになっているわけです。私はこのあとがきを、オーストラリアのアボリジニの居住地区であるウルル（旧名、エアーズロック）からの帰りの飛行機で書いています。

古代アボリジニたちは、たった6つの道具だけを持ち、ほとんど裸で、大地を家として建造物を建てず、非常に厳しい気候である砂漠のなかで、農耕もせず、文字も持たず、時間の概念も、年齢の概念も、あるいはつい最近までは戸籍もなく、ただ狩猟や採取生活をして、5万年も同じ生活を送ってきました。

ところが、そこにヨーロッパからの西洋人が流入することにより、伝染病から同化政策までありとあらゆる試練が彼らを襲い、その結果人口は激減しました。さらに、今では、ほとんどのアボリジニが昔の生活を捨て、アボリジニ旧来の生活を保っている人たちはほんの少しになってしまいました。

それでも、少数のアボリジニは昔ながらの生活を居住区のなかで営んでいます。アボリジニの生活を守っているレンジャーに、「アボリジニの人たちは何が幸せなのですか」と尋ねました。すると、「毎日が平和に終わって、そして、周りの人たちが喜んでいると、それが幸せなんです」と答えてくれました。

では、私がアボリジニの生活をしたら幸せなのかと問われると、それは幸せでないし、生活そのものだって、一晩ももたないと思います。私は、砂漠のなかで食べ物を見つけられませんし、大地を家とする彼らのように毎日野宿をしていたら体調を崩してしまうでしょう。まして、書籍・パソコン・インターネットといった刺激がないと、私は仕事ができませんし、幸せ以前の問題として生きていくことがやっとな状態になってしまうと思います。

結局、機械文明のなかで暮らしている私はそのなかでの人生しか知りません。部外者である私にアボリジニの幸せは定義できません。それは、裏を返せば、自分の幸せは自分しか定義できないということです。どちらが優れているといった相対評価の問題ではなく、幸せは、「社会的な環境のなかで、自分がさまざまなトライアルから消去法で見つけていくことしかできない」とそのとき改めて感じたのです。

では、なぜ一人一人が自分の幸せを追求することが必要なのでしょうか。私は結局、自分が幸せでないと、人を幸せにする余裕がないからだと思っています。自分のことできゅうきゅうとしていたら、人に気を遣うこともできないし、社会の矛盾について自分が解決しようなど思うこともないし、新しいことにチャレンジする気概も生まれません。

私の大好きな哲学者、中島義道さんが『エゴイスト入門』（新潮社）のなかで書いていた項目で、なるほどと思ったことがあります。それは、中島さんが有名人とつきあっていると気が楽だというコラムなのですが、その理由として、「有名になった人たちは、すなわち、妬みや嫉みの感覚から解き放たれた人たちである。だからこそ、人のことを羨むことはしないし、他人に対しても寛容である」ということでした。

私はこれを、有名ではなく、幸せな人、と言い換えてもいいと思います。幸せな人は人の足を引っ張る欲求がそもそも、なくなってしまうのです。それよりは、逆に、どうやって、周りの人をより幸せにできるか、考えるようになります。

日本人は今、残念ながら、幸福度が他の国に比べると低い状況です。そして、そうなってしまうと、なかなか社会のことや政治のことに配慮する余裕がなくなってしまいます。幸せでないと、利己主義にならざるを得ないのです。ところが、いったん、幸せのサイクルが始まると、利他主義になり、自責主義になり、ということで社会問題についても解決が始まります。

しかし、どうやって幸せになるかということは、しつこいようですが、技術です。その技術は外国の場合、宗教などの倫理教育や家庭のしつけのなかで、伝えられていきます。ところが、日本のように宗教が現世的な道徳よりも先祖供養をメインにしている場合、伝えられる内容はごくごく限られたものになってしまう恐れがあります。

私がふと疑問に思ったのは、それでは、機会平等が得られないのではないか、ということです。たまたま幸せになる技術が高い家に生まれついて、うまく親からその技術を伝承することができれば、より上手に生きることができるようになって生活が楽になります。しかし、そうでない場合はどうにもなりません。

生まれが完全に平等化できないのは、致し方ないことです。しかし、教育と知恵の共有こそが、その後の機会平等を可能にします。幸い、私たち日本の社会は、教育も充実し、メディアもさまざまな手段があり、新しい知識を得ることに大きなコストはかかりません。すると、今の私たちが機会平等を得られる可能性は高くなります。手を伸ばせば、そこに知識や情報があるのです。

少なくとも現世における幸せとは、昨日できなかったことが少しずつできるようになり、そして、だんだんと得意技が出てきて、その得意技を人に提供することで感謝を報酬の形で受けとることができるようになり、そしてその報酬（金銭）を使ってほかの人を幸せにする、この循環なのではないかと思います。彼岸の彼方や、場合によっては死後の世界に理想を求めるのは自由ですが、私たちはそこに到達するまでの時間を絶対に生きなければいけません。そして、その時間が充実した意義あるものになるのかどうかは私たちの努力、しかも正しい技術に基づいた努力次第なのです。

しかも、この循環において、十分な時間的、気持ち的な余裕があれば、短期的利益に陥ることなく、長期的な関係を、自分の責任をもって、築くことができるのです。

私は今、自分の5年前、10年前のときに比べると、幸せだと胸を張って言うことができます。それは、自分自身にスキルがついたことと、そのスキルを使ってほかの人にありがとう、と言ってもらえることができるようになったためです。

これから、5年後、10年後、この本を読んだときに「ああ、拙い本だったな」と思うかもしれません。しかし、それはそれで大きく歓迎したいと思います。なぜなら、そのときにはもっと、自分も、ほかの人も、より幸せにする能力が身についているということでしょうから。

最後に、私がこのような、幸福論という大きな問題について考える機会をもたらしてくれた集英社新書編集部の服部祐佳さん、さまざまなヒントをくれた弊社取締役の上念司さん、そしてさまざまな「幸福」「不幸」についていつも、考え抜くきっかけと動機を私にもたらしてくれる家族に、心からの感謝を表して、本書を終えたいと思います。

きっと、10年後にまた、この続きを書けることを願いながら。

シドニーから東京に戻る機内で

勝間和代

参考文献

アービンジャー・インスティチュート著　金森重樹監修　冨永星訳『自分の小さな「箱」から脱出する方法―人間関係のパターンを変えれば、うまくいく！』大和書房　２００６

阿満利麿著『日本人はなぜ無宗教なのか』筑摩書房　１９９６

ジェームズ・アレン著　坂本貢一訳『「原因」と「結果」の法則』サンマーク出版　２００３

スージー・ウェルチ著　小沢瑞穂訳『10《テン》-10《テン》-10《テン》―人生に迷ったら、3つのスパンで決めなさい！』講談社　２０１０

ジョージ・エインズリー著　山形浩生訳『誘惑される意志―人はなぜ自滅的行動をするのか』ＮＴＴ出版　２００６

大石繁宏著『幸せを科学する―心理学からわかったこと』新曜社　２００９

勝間和代著『お金は銀行に預けるな―金融リテラシーの基本と実践』光文社　２００７

勝間和代著『起きていることはすべて正しい―運を戦略的につかむ勝間式4つの技術』ダイヤモンド社　２００８

勝間和代著『会社に人生を預けるな―リスク・リテラシーを磨く』光文社　２００９

勝間和代著『効率が10倍アップする新・知的生産術―自分をグーグル化する方法』ダイヤモンド社　２００７

勝間和代著『無理なく続けられる年収10倍アップ時間投資法』ディスカヴァー・トゥエンティワン　２００７

マルコム・グラッドウェル著　勝間和代訳『天才！―成功する人々の法則』講談社　２００９

上大岡トメ著『キッパリ！―たった5分間で自分を変える方法』幻冬舎　２００４

香山リカ著『しがみつかない生き方―「ふつうの幸せ」を手に入れる10のルール』幻冬舎　２００９

姜尚中著『悩む力』集英社　２００８

倉田真由美著『だめんず・うぉ～か～』1～15　扶桑社　２００１～２００９

ドナルド・O・クリフトン＋トム・ラス著　高遠裕子訳『心のなかの幸福のバケツ―仕事と人生がうまくいくポジティブ心理学』日本経済新聞社　２００５

スティーブン・R・コヴィー著　川西茂訳『7つの習慣―成功には原則があった！』キングベアー出版　１９９６

厚生労働省『たばこと自殺について―厚生労働省研究班「多目的コホート研究（JPHC研究）」からの成果』２００５

http://epi.ncc.go.jp/jphc/outcome_entry/smoke_suicid/
ジョン・Ｍ・ゴットマン著　松浦秀明訳『結婚生活を成功させる七つの原則』第三文明社　２００７
末次由紀作『ちはやふる』一～八巻　講談社　２００８～２０１０
竹田青嗣著『ニーチェ入門』筑摩書房　１９９４
ナシーム・ニコラス・タレブ著　望月衛訳『まぐれ―投資家はなぜ、運を実力と勘違いするのか』ダイヤモンド社　２００８
筒井義郎、大竹文雄、池田新介著『なぜあなたは不幸なのか』大阪大学社会経済研究所　２００５
http://www2.econ.osaka-u.ac.jp/~tsutsui/archive/dp/dp_no.630.pdf
筒井義郎著『幸福の経済学』大阪大学社会経済研究所　２００５
http://www.iser.osaka-u.ac.jp/rcbe/4thworkshop/Presentation/economicsofhappiness.tsutsui.pdf
コリイ・ドクトロウ著　川副智子訳『マジック・キングダムで落ちぶれて』早川書房　２００５
外山滋比古著『思考の整理学』筑摩書房　１９８６
中島義道著『エゴイスト入門』新潮社　２０１０
ニーチェ著　吉沢伝三郎編『ニーチェ全集　８　悦ばしき知識』筑摩書房　１９９３
野口嘉則著『鏡の法則―人生のどんな問題も解決する魔法のルール』総合法令出版　２００６
畑村洋太郎著『失敗学のすすめ』講談社　２００５
保阪正康著『あの戦争は何だったのか―大人のための歴史教科書』塩野七生による帯・推薦文　新潮社　２００５
マーカス・バッキンガム＆ドナルド・Ｏ・クリフトン著　田口俊樹訳『さあ、才能《じぶん》に目覚めよう』日本経済新聞社　２００１
ピーター・バーンスタイン著　青山護訳『リスク―神々への反逆』上下　日本経済新聞社　２００１
タラ・ハント著　村井章子訳『ツイッターノミクス』文藝春秋　２０１０
増田明利著『今日、ホームレスになった―15人のサラリーマン転落人生』彩図社　２００８
丸山眞男著『日本の思想』岩波書店　１９６１

村上春樹著『走ることについて語るときに僕の語ること』文藝春秋　２００７
山口一男著『ワークライフバランス―実証と政策提言』日本経済新聞出版社　２００９
山田昌弘・電通チームハピネス著『幸福の方程式』ディスカヴァー・トゥエンティワン　２００９
リチャード・ワイズマン著　木村博江訳『その科学が成功を決める』文藝春秋　２０１０
Royal College of Physicians. *Smoking or health?* London: Pittman Medical, 1977.

勝間和代（かつま かずよ）

一九六八年生まれ。経済評論家。公認会計士。中央大学ビジネススクール客員教授。慶応義塾大学商学部卒業。早稲田大学ファイナンスMBA。当時最年少の一九歳で会計士補の資格取得。以後マッキンゼー、JPモルガンなどを経て独立。ロジカルシンキングによって仕事や人生の問題を自ら解決してきたノウハウを書籍やオーディオブックを通じて公開している。

勝間和代オフィシャルサイト

http://www.katsumaweb.com/

不《ふ》幸《こう》になる生《い》き方《かた》

集英社新書〇五四七C

二〇一〇年六月二二日 第一刷発行

二〇一〇年七月三一日 第四刷発行

著者……勝《かつ》間《ま》和《かず》代《よ》

発行者……館 孝太郎

発行所……株式会社集英社

東京都千代田区一ツ橋二-五-一〇 郵便番号一〇一-八〇五〇

電話 〇三-三二三〇-六三九一（編集部）

〇三-三二三〇-六三九三（販売部）

〇三-三二三〇-六〇八〇（読者係）

装幀……原 研哉

印刷所……大日本印刷株式会社 凸版印刷株式会社

製本所……加藤製本株式会社

定価はカバーに表示してあります。

ISBN 978-4-08-720547-3 C0210

Printed in Japan

a pilot of wisdom